Anne Enderlein · Cornelie Kister

Aldidente Fatburner

Die besten Rezepte

Eichborn.

Die Zutaten für die Rezepte sind in der Regel bei Aldi erhältlich. Manche Artikel gibt es dort jedoch nur saisonal oder regional, gelegentlich auch unter abweichenden Markennamen. Ausgefallenere Zutaten bekommt man manchmal nur auf dem Markt, in Feinkostgeschäften oder »gehobeneren« Lebensmittelläden. Produkte, die absolut nicht Bestandteil des Aldi-Sortiments sind, haben wir in der Zutatenliste jeweils mit * gekennzeichnet.

3 4 05 04 03

Umschlaggestaltung: Uschi Heusel
Lektorat: Oliver Thomas Domzalski
Redaktion: Nele Dinslage
Layout und Satz: Tania Poppe
Druck und Bindung: Ueberreuter Buchproduktion, Korneuburg
ISBN 3-8218-4864-2

Verlagsverzeichnis schickt gern:
Eichborn Verlag, Kaiserstr. 66,
D – 60329 Frankfurt am Main
www.eichborn.de

Inhaltsverzeichnis

Vorwort

Schon wieder eine neue Diät!? Wenn der Frühling naht, sprießen Diätkochbücher wie die Primeln aus dem Boden und Frauenzeitschriften übertreffen sich mit der superwirksamen 7-Tage-Kohlsuppendiät. Dabei weiß nun jeder leidgeprüfte Diät-Erfahrene, dass ihre Erfolge selten von lang anhaltender Dauer sind. Hat man die Ananas-Diät glükklich beendet und ist tatsächlich erfreuliche fünf Kilo leichter, kehrt man schnell zu vertrauten Essgewohnheiten zurück, und mit diesen stellt sich schon bald das alte Gewicht wieder ein. Schlimmer noch: Nach einer Diät vermehren sich sogar oftmals noch die Pfunde! Denn der Körper rüstet sich für eine eventuell wiederkehrende »Hungersnot« – als solche empfindet er die Phase der Diät nämlich – und legt so genannte Vorratskammern an. Mit anderen Worten, der Körper hamstert und bunkert zusätzliches Fett. Dies ist leider kein Ammenmärchen, sondern eine wissenschaftlich erwiesene Wahrheit.

Aber keine Sorge, Fatburning zählt nicht zu den strengen Diäten, mit Kalorienzählen, ständigen Gewichtskontrollen, Enthaltsamkeit, Hungern und sonstigen Selbstkasteiungen. Fatburning ist vielmehr eine Ernährungsweise mit einem ausgewogenen Speiseplan, bei dem Nahrungsmittel verwendet werden, die eine besonders fettabbauende Wirkungsweise haben. Deshalb steht Fatburning unter dem Motto »Essen Sie sich schlank«. Dies soll natürlich nicht heißen, dass ungehemmt geschlemmt werden kann. Aber es gibt in unseren Lebensmitteln tatsächlich Stoffe, die das Fett in unserem Körper freisetzen und »verbrennen«. Mahlzeiten, in denen besonders viele dieser »Fatburner« vorkommen, unterstützen also das Abnehmen.

Bei einer erfolgreichen Fatburning-Ernährung geht es deshalb nicht – wie bei so vielen Diäten – um Verzicht, Enthaltsamkeit und die bloße Vermeidung von Fett, sondern um die vielseitige und geschickte Zusammenstellung »schlank machender« Nahrungsmittel. Fett ist nämlich keineswegs ein reiner Dickmacher, wie man allgemein annimmt. Fett ist sogar lebensnotwendig. Es sorgt für geschmeidige Haut und ist ein unverzichtbarer Baustein von Zellwänden und Nerven. Das Problem bei Übergewichtigen lautet vielmehr: Zu viel vom falschen Fett in Kombination mit zu viel Zucker.

Die Ursachen, warum immer mehr Menschen übergewichtig sind, lassen sich heute eindeutig benennen:

- Unkontrolliertes Naschen
- Konsumierung von Fertigprodukten mit hohem Fett- und Zuckergehalt
- Mangelnde Bewegung
- Häufiger Wechsel von Diäten mit nachfolgendem Jojo-Effekt.

Die Fatburner-Diät trägt all diesen Hauptursachen Rechnung. Fatburning steht für eine bewusste und ausgewogene Ernährung in Einklang mit einer vitalen Lebensweise.

Was ist Fatburning?

Gesund zu essen heißt, sich ausgewogen zu ernähren – das hört man immer wieder. Doch was bedeutet »ausgewogen« eigentlich? Es bedeutet, von bestimmten Lebensmitteln mehr zu essen, von manchen mäßig und von anderen eher wenig. Unsere täglichen Nahrungsmittel lassen sich in verschiedene Gruppen einteilen, die bei den Mahlzeiten unterschiedlich gewichtet werden sollten. Bildlich kann man sich dies als Pyramide vorstellen:

Reichlich – möglichst bei jeder Mahlzeit – sollten ballaststoffhaltige Lebensmittel aus der Gruppe der Getreideprodukte gegessen werden. Ebenso viel frisches Obst und Gemüse, ergänzend Milchprodukte, Fisch und Fleisch zweimal die Woche, äußerst sparsam Fette und Öle und natürlich nur gelegentlich Süßigkeiten.

Damit der Speiseplan nicht nur der gesunden Ernährung dient, sondern auch tatsächlich hilft, Fett zu verbrennen, müssen Nahrungsmittel in die Mahlzeiten mit einbezogen werden, welche die wirksamen Hormone, Biostoffe und Enzyme zum Fatburning auch enthalten. Diese sorgen nämlich dafür, dass Fett in Energie umgewandelt wird und sich nicht in Form der lästigen Polster an Hüfte, Bauch und Po festsetzt.

Hormone sind Fettverbrenner. Besonders das **Wachstumshormon** wandelt, während wir schlafen, das tagsüber in den Fettzellen gesammelte Fett in Energie um. Das Wachstumshormon benötigt viel Eiweiß sowie das Vitamin C und Vitamin B6. Wer reichlich Eiweiß, Obst und Gemüse, mageres Fleisch und Getreideprodukte zu sich nimmt, unterstützt die wertvolle Arbeit des Wachstumshormons.

Glukagon wird in der Bauchspeicheldrüse gebildet und dann ausgeschüttet, wenn der Blutzuckerspiegel unter einen bestimmten Wert fällt. Dieser Prozess setzt Energie frei, die Fett aus den Zellen verbrennt. Auch Glukagon ist auf die Zufuhr von **Eiweiß** angewiesen.

Eiweißreich sind folgende Lebensmittel: alle mageren Fleisch- und Wurstsorten, alle Fische, Meeres- und Krustentiere wie Scampi, Krabben, Garnelen, Muscheln und Milchprodukte. Verzichten sollte man auf zu viel Butter, Sahne, Crème fraîche, Schmand sowie fetten Käse.

Das **Schilddrüsenhormon** ist ebenfalls an der Fettverbrennung im Körper beteiligt. Menschen mit gut funktionierender Schilddrüse haben in der Regel keine Probleme mit Übergewicht. Wichtig für die Funktion der Schilddrüse ist eine ausreichende Jodzufuhr. Jod ist in Meeresfischen und natürlich in jodiertem Speisesalz enthalten und gehört zur täglichen Ernährung.

Biostoffe, welche in vielen Lebensmitteln enthalten sind, transportieren Fettbausteine in die Brennkammern der Körperzellen. Sie sorgen dafür, dass Fett richtig verwertet wird. Zu den Biostoffen zählt das **Vitamin C**. Es spaltet Fett wirksam und ist vor allem in sauren Obstsorten wie Zitrusfrüchten, Kiwis, Sauerkirschen, Stachelbeeren, Äpfeln usw. enthalten, aber auch in Gemüse, das darüber hinaus Vitamin A, Ballaststoffe und Mineralien enthält. Vitamin-C-haltige Gemüsesorten sind zum Beispiel Kohlgemüse, grünes Blattgemüse und Paprika.

Magnesium ist ein Mineral, das den Stoffwechsel anregt und als Bestandteil von Enzymen Fett auflösende Nervenreizstoffe bindet. Magnesium ist enthalten in Vollkornprodukten, Nüssen und Hülsenfrüchten.

Carnitin transportiert die Fettmoleküle zur Verbrennung in die Muskelzellen, wo sie in Energie umgewandelt werden. Carnitin verhindert, dass sich zu viel Fett im Blut ansammelt. Enthalten ist es in Milchprodukten wie z.B. Käse und in Fleisch (vor allem Geflügel, Schinken und Lamm).

Linolsäure ist am Aufbau der Darmschleimhaut beteiligt, die undurchlässig sein sollte, sodass ausgeschiedene Fette bei ihrem Abtransport nicht in die Blutbahn gelangen und sich in den Fettzellen festsetzen können. Enthalten ist Linolsäure in kalt gepressten Pflanzenölen.

Enzyme sind Eiweißverbindungen, die am Stoffwechsel beteiligt sind und unter anderem die Verdauung anregen. Ananas und Kiwi enthalten beispielsweise Fett abbauende Enzyme.

Diät allein ist nicht genug – Tipps für erfolgreiches Fatburning

Einige Tipps für das erfolgreiche Fatburning, die jeder ohne großen Aufwand in seinen Alltag integrieren kann, die helfen, das Idealgewicht zu erreichen und auch zu halten:

- mehrere kleine Mahlzeiten anstelle dreier großer,
- viel trinken, möglichst Wasser, Kräuter- und Früchtetees,
- reichlich Obst und Gemüse essen, am besten roh,
- Vollkornprodukte den Weizenprodukten vorziehen,
- hin und wieder schärfer würzen als gewöhnlich – das fördert die Durchblutung und damit auch die Fettverbrennung,
- in den kalten Monaten die Heizung nicht bis zum Anschlag aufdrehen, sondern lieber ein, zwei Stufen niedriger einstellen und dafür einen Wollpullover anziehen. Bei niedrigen Temperaturen erhöht der Körper seine Stoffwechseltätigkeit und regt die eigene Wärmeproduktion an,
- viel Bewegung im Freien, zu Fuß und mit dem Fahrrad. Wer Sport treibt und sich körperlich fit hält, setzt so schnell kein Fett an.

Rank und schlank mit der Aldidente-Fatburner-Diät

Wer erfolgreich mit der Aldidente-Fatburner-Diät abnehmen möchte, sollte seinen Speiseplan über einen längeren Zeitraum konsequent mit Rezepten aus diesem Kochbuch gestalten. Jedes Gericht enthält so wenig und gleichsam so viel Fett wie nötig, um sich gesund und figurschonend zu ernähren. Dabei können auch problemlos verschiedene Rezepte zu Vor-, Haupt- und Nachspeisen kombiniert werden, ohne dass man fettanreichernde Lebensmittel zu sich nimmt. Die Aldidente-Fatburner-Diät ist der sichere Weg zur dauerhaft schlanken Linie, vorausgesetzt man vermeidet häufige Rückfälle zu Pommes-, Schokoladen- und Sahnetortenschlachten, die sich schnell negativ auf das Gewicht auswirken.

Schon nach kurzer Zeit wird man wie selbstverständlich auch Variationen unserer Gerichte zubereiten und damit die Ernährung auf eine abwechslungsreiche, aber gleichzeitig fettarme und gesunde Kost umstellen können. In jedem Fall liegen die Vorteile der Aldidente-Fatburner-Diät klar auf der Hand: Sie ist nämlich nicht auf die teuren Produkte aus Reformhäusern oder exklusiven Feinkostabteilungen angewiesen. Der deutschlandweit beliebte Discounter Aldi hat bis auf wenige Lebensmittel nahezu alles im Sortiment, was für den Speiseplan dieser Diät erforderlich ist. Fatburning muss also weder kostspielig noch kompliziert sein. Produkte, die absolut nicht Bestandteil des Aldi-Sortiments sind, sind in der Zutatenliste jeweils mit * gekennzeichnet.

Das A und O einer schmackhaften Küche sind Gewürze und Kräuter. Getrocknete Gewürze wie Thymian, Rosmarin, Muskatnuss oder Kräuter der Provence sind leider weder bei Aldi Nord noch bei Aldi Süd zu bekommen. Je nach Saison finden sich jedoch gelegentlich frische Kräuter im Angebot. Ein Grundsortiment an Gewürzen sollte daher unbedingt in jeder Speisekammer vorrätig sein, damit unabhängig von wechselnden Aldi-Angeboten oder Wochenmärkten die Gerichte aromatisch zubereitet werden können. Bei der Angabe von Gewürzen und Kräutern innerhalb der Rezepte werden wir nicht gesondert ausweisen, ob sie bei Aldi zu kaufen sind oder nicht. Man sollte grundsätzlich davon ausgehen, dass der Gewürzschrank aus anderen Sortimenten bestückt werden muss.

Es ist außerdem darauf zu achten, dass einige Gerichte für die Zubereitung von einer oder zwei Portionen, andere für vier oder sechs Portionen gedacht sind. Dies ist jeweils angegeben und lässt sich selbstverständlich entsprechend variieren.

Für die Vorratskammer

Auf Fertigprodukte sollte verzichtet werden, da sie versteckte Dickmacher wie Fette in Kombination mit Zucker enthalten. Für die Fatburning-Ernährung ist es unerlässlich, häufiger einkaufen zu gehen. Frisches Obst und Gemüse sind Hauptbestandteil des Speiseplans. Dennoch gibt es über die üblichen Grundnahrungsmittel hinaus einige Lebensmittel, die man in jedem Fall im Haus haben sollte, um die hier angebotene Vielfalt an Rezepten auch spontan kochen zu können:

- Nudeln
- Reis
- Geschälte Tomaten
- Gemüsebrühe
- Mehl
- Nüsse (Haselnuss- und Walnusskerne)
- Olivenöl
- Pflanzenöl
- Essig
- Müsli oder Haferflocken
- Zwiebeln und Knoblauch
- Gewürze: Kräuter der Provence, Majoran, Thymian, Muskatnuss (ganze)
- Parmesan oder anderen Hartkäse
- Milch

Die Rezepte

Für Frühstück, Abendbrot und zwischendurch

Vitaminshake

(1-2 Portionen)

1 Orange
2 Mandarinen
1 Grapefruit
1 Apfel
1 Birne

Orange und Mandarinen auspressen.
Apfel und Birne schälen und in kleine Stücke schneiden.
Die Fruchtstücke in dem ausgepressten Saft mit dem Schneidstab pürieren und den Shake in Gläsern servieren.

Orangen-Kiwi-Schnitze mit Honigquark

(4 Portionen)

3 Orangen
2 Kiwis
125 g Quark (max. 20 % Fett)
2 EL flüssiger Honig oder Zucker
2 EL gehackte Mandeln oder Nüsse

2 Orangen schälen und filetieren. Die Kiwis ebenfalls schälen und in Scheiben schneiden. Das Obst auf vier Desserttellern anrichten.
Die dritte Orange auspressen und den Saft zusammen mit Zucker oder Honig unter den Quark rühren. Die Quarkcreme über das Obst auf die Dessertteller verteilen.
Die gehackten Mandeln oder Nüsse darüber streuen.

Müsli mit Bananenjoghurt

(1 Portion)

70 g Haferflocken oder
gemischte Getreideflocken
2 TL Honig
1 TL Butter
1 Banane
150 g Joghurt
1 Prise Zimt
1 EL Rosinen
2 getrocknete Aprikosen oder Backpflaumen

1 TL Honig mit der Butter in einer Pfanne bei schwacher Hitze zerlassen. Die Getreideflocken hineingeben, unter ständigem Rühren kurz rösten und anschließend in einer Schüssel abkühlen lassen.
Die Banane mit der Gabel zerdrücken und mit Joghurt, Zimt und restlichem Honig vermischen.
Die getrockneten Aprikosen oder Backpflaumen in Streifen schneiden.
Bananenjoghurt und Trockenobst in die Schüssel mit den Getreideflocken geben und alles gut verrühren.

Obstsalat in Melonenschiffchen

(4 Portionen)

1 reife Honigmelone
2 Orangen
250 g Weintrauben oder Beeren je nach Angebot (ersatzweise tiefgekühlte Waldbeeren)
2 EL Rosinen
2 EL Rum, Wodka, Korn o. Ä.
1 EL Zitronensaft
1 EL Zucker
1 Minzezweig

Den Rum in eine Schüssel geben und die Rosinen etwa zwei Stunden darin ziehen lassen.

Die Melone halbieren, entkernen und mit einem Esslöffel oder einem Eiskugelstecher das Fruchtfleisch auslösen. Die Schalenhälften dabei nicht beschädigen, da sie später als Cocktailgefäß dienen. Eine Orange schälen und filetieren. Die Weintrauben halbieren, die Beeren können je nach Größe im Ganzen verwendet werden. Melonenkugeln, Orangenfilets und Trauben oder Beeren in einer Schüssel vermengen.

Die andere Orange auspressen, den Saft mit Zitronensaft und Zucker verrühren und die eingelegten Rosinen dazugeben. Den Obstsaft über die Früchte gießen und unterheben. Den Obstsalat vor dem Servieren auf beide Melonenhälften verteilen, mit den abgezupften Minzeblättchen bestreuen und einige Zeit kalt stellen.

Röggelchen mit Bananenscheibchen

(2 Portionen)

2 Roggenbrötchen
1-2 EL Butter
1 EL Zuckerrübensirup
1-2 Bananen
2 EL Mandelblättchen

Die Roggenbrötchen halbieren und im Backofen knusprig aufbacken.
Jede Hälfte mit Butter und Zuckerrübensirup bestreichen.
Die Bananen schälen und in Scheiben schneiden. Die Bananen dicht geschichtet auf die Brötchenhälften legen und die Mandelblättchen darüber streuen.
Die belegten Brötchen servieren, solange sie noch knusprig sind.

Quarkbrot mit Möhrenschnitzen

(4 Portionen)

4 Scheiben Vollkornbrot
1-2 Möhren (je nach Größe)
60 g Quark (max. 20 % Fett)
2 EL Milch
2 EL gehackte Petersilie
Butter zum Bestreichen der Brote
Salz und Pfeffer

Quark, Milch, Salz, Pfeffer und 1 EL gehakkte Petersilie glatt verrühren.
Die Möhren schälen und in dünne Scheiben schneiden.
Die Brotscheiben dünn mit Butter bestreichen, die Möhrenscheibchen dicht darauf schichten und den Quark darüber verteilen.
Die restliche Petersilie darüber streuen und servieren.

Schafskäse-Gemüse-Tatar

(2 Portionen)

250 g Schafskäse
125 g Joghurt
1/2 grüne Paprikaschote
1/2 Bund Frühlingszwiebeln
1/2 Stange Lauch
1 TL Olivenöl
1 EL gehackte Petersilie
Oregano
Salz und Pfeffer

Den Schafskäse fein zerbröseln und mit dem Joghurt verrühren.
Paprikaschote, Frühlingszwiebeln und Lauch waschen und putzen. Die Paprika in feine Würfel, Frühlingszwiebeln und Lauch in feine Ringe schneiden.
Petersilie, Oregano und Olivenöl unter den Schafskäse rühren und mit Salz und Pfeffer vorsichtig würzen.

Tipp: Das Schafskäse-Gemüse-Tatar bietet sich als pikanter Brotaufstrich an, schmeckt aber auch köstlich zu Salat oder Rohkost wie Gurken, Möhren etc.

Radieschensalat mit Mandeln

(4 Portionen)

1 Bund Radieschen
1 Kopf Radicchio- oder Lollo-rosso-Salat
2 EL gehackte Mandeln oder Walnüsse
1 kleine Zwiebel
2 EL Joghurt
2 EL Olivenöl
Salz und Pfeffer

Die Radieschen waschen, putzen und in feine Scheiben schneiden.
Den Salatkopf in mundgerechte Blättchen zupfen, gründlich waschen und abtropfen lassen oder trocken schleudern. Radieschen und Salatblättchen vermengen.
Die Zwiebel häuten und in kleine Würfel schneiden.
Joghurt, Öl, Salz und Pfeffer zu einer cremigen Sauce schlagen. Die Zwiebelwürfel unterrühren.
Die Sauce über den Salat gießen und unterheben.
Den Salat auf Tellern oder Schüsseln verteilen und mit den gehackten Mandeln oder Walnüssen bestreuen.

Tomatenshake

(2 Portionen)

500 g kleine reife Tomaten
200 g Joghurt
1 TL gehackter, frischer Liebstöckel (oder getrocknet)
1 TL gehackte Petersilie
Salz und weißer Pfeffer
etwas Schnittlauch zum Garnieren

Die Tomaten in siedendem Wasser überbrühen, bis sich die Haut zu lösen beginnt. Anschließend die Haut vorsichtig abziehen, die Tomaten aufschneiden und entkernen. Mit dem Schneidstab das Fruchtfleisch pürieren.

Liebstöckel, Petersilie und Joghurt zu dem Tomatenmus geben und gut miteinander vermischen. Mit Salz und weißem Pfeffer abschmecken.

Den Shake in zwei hohe Gläser füllen und mit Schnittlauchröllchen garnieren.

Ananasjoghurt
(4 Portionen)

1/2 Ananas (ersatzweise 4 Scheiben Ananas aus der Dose)
150 g Joghurt
Zucker oder Honig nach Belieben
4 Zitronenmelisseblättchen

Die Ananas großzügig schälen und in kleine Würfel schneiden. Dabei den Saft auffangen. (Ananas aus der Dose muss ebenfalls klein geschnitten werden.)
Den Joghurt je nach Belieben mit Zucker und Honig süßen und glatt verrühren. Den aufgefangenen Saft unterrühren.
Die Ananaswürfel auf 4 Schüsseln verteilen und mit dem Joghurt übergießen.
Vor dem Servieren jede Schüssel mit je einem Zitronenmelisseblatt garnieren.

Erdbeeren auf körnigem Frischkäse

(2 Portionen)

400 g körniger Frischkäse (max. 20 % Fett)
200 g reife Erdbeeren
2 TL Pistazien*
Zitronenmelisse zum Garnieren

Den Frischkäse in zwei tiefe Teller füllen.
Die Erdbeeren waschen, putzen und vierteln. Die Fruchtstücke auf dem Käse verteilen.
Die Pistazien schälen, grob hacken und über die Erdbeeren streuen.
Einige Blättchen Zitronenmelisse als Garnitur darüber verteilen.

Rohkost Schneeweißchen und Rosenrot

(4 Portionen)

400 g Blumenkohl
2 rote Paprikaschoten
4 Tomaten
1 kleine Zwiebel
2 EL Joghurt
2 EL Olivenöl
1 Knoblauchzehe
1 TL Paprikapulver edelsüß
Chilischote, Salz und Pfeffer

Den Blumenkohl in kleine Röschen zerteilen und gründlich waschen.
Paprikaschoten und Tomaten waschen, putzen und in feine Streifen bzw. Scheiben schneiden.
Die Zwiebel schälen und in kleine Würfel schneiden.
Das zerkleinerte Gemüse und die Zwiebelwürfel in einer Schüssel vermengen.
Den Joghurt und das Oliveröl glatt rühren.
Die Knoblauchzehe schälen und mit einer Presse in das Joghurt-Öl-Dressing drücken.
Das Paprikapulver hinzufügen und je nach Geschmack mit fein gehackter Chilischote, Salz und Pfeffer würzen.
Die Sauce über das rotweiße Gemüse gießen und unterheben. Die Rohkost einige Minuten ziehen lassen und anschließend servieren.

Frühlingszwiebel-Quark-Dip

(2 Portionen)

250 g Quark (max. 20% Fett)
1-3 EL Joghurt
1/2 Bund Frühlingszwiebeln
1 rote Zwiebel
1 TL Senf
1 EL Schnittlauchröllchen
Salz und Pfeffer

Den Quark mit dem Joghurt gut verrühren. Die Frühlingszwiebeln waschen, putzen und in feine Ringe schneiden. Die Zwiebel schälen und in feine Würfel schneiden. Zwiebelringe und -würfel mit den Schnittlauchröllchen unter den Quark rühren und mit Senf, Salz und Pfeffer würzen.

Tipp: Der Frühlingszwiebel-Quark eignet sich als Brotaufstrich oder Dip zu Rohkost und schmeckt auch lecker zu Pellkartoffeln als Hauptmahlzeit.

Pikanter Ananas-Haselnuss-Frischkäse

(4 Portionen)

1-2 Scheiben Ananas
8 Haselnüsse
50-100 g Frischkäse (nach Belieben)
2 Salatblätter
Salz und Pfeffer

4 Scheiben Vollkornbrot
Butter zum Bestreichen der Brote

Die Ananasscheiben in sehr kleine Würfelchen schneiden. Die Haselnüsse fein hobeln. Nüsse und Ananas unter den Frischkäse rühren und je nach Geschmack salzen und pfeffern.
Die Salatblätter waschen und trocken tupfen. Den Frischkäse darauf anrichten und zusammen mit Vollkornbrot und Butter servieren.

Käseteller mit frischem Obst

(2 Portionen)

100 g Gouda (bis 50 % Fett)
1 runder Camembert (30 % Fett)
200 g körniger Frischkäse
2 Birnen
150 g Weintrauben
1 Schnitz Honigmelone
2 Walnusskerne

Den Gouda in gleich große Würfel schneiden, und den Camembert vierteln. Auf je zwei Teller die Käsewürfel und -viertel sowie je eine Hälfte des Frischkäses verteilen.
Die Birnen waschen, vierteln, entkernen und in feine Spalten schneiden. Die Schnitze fächerartig auf die Teller dekorieren. Die Walnusskerne zerdrücken oder grob hacken und darüberstreuen.
Die Trauben waschen, von den Stielen zupfen und zwischen den Käsestücken verteilen.
Die Melone schälen, in Würfel schneiden und neben die Birnenschnitze legen.

Bananen-Haselnuss-Shake

(4 Portionen)

400 ml Buttermilch (ersatzweise Joghurt und Milch verquirlen)
1 Banane
1-2 EL Honig (je nach Geschmack)
2 EL gehackte Haselnüsse
Zimt

Die geschälte und zerkleinerte Banane, Buttermilch oder Joghurtmilch, Honig und gehackte Haselnüsse in ein Mixgefäß geben und mit dem Schneidstab glatt pürieren.
Den Bananen-Haselnuss-Shake auf vier hohe Gläser verteilen und mit Zimt bestäuben.
Den Drink eiskalt servieren.

Erdbeershake

(4 Portionen)

200 g Erdbeeren (ersatzweise Waldbeeren, tiefgekühlt)
400 ml Milch
Zucker oder Honig nach Belieben
1 Zweig Minze

Die Erdbeeren waschen, putzen und halbieren. (Die Waldbeeren müssen rechtzeitig aufgetaut werden.) Zusammen mit Honig oder Zucker in einem Mixgefäß pürieren und die eiskalte Milch nach und nach angießen.

Den Erdbeershake auf vier hohe Gläser verteilen und mit einigen Minzeblättchen garniert sofort servieren.

Überbackenes Apfel-Brot

(2 Portionen)

4 Scheiben Vollkornbrot (oder Vollkorntoast)
3-4 TL Butter
1 großer Apfel
1-2 EL Mandelblättchen
4 Scheiben Scheiblettenkäse (bis 50 % Fett)
Cayennepfeffer

Die streichfähige Butter dünn auf die Brotscheiben streichen.
Den Apfel waschen, das Kerngehäuse ausstechen und den Apfel in dünne Ringe schneiden. Die Apfelringe auf den Brotscheiben verteilen und die Mandelblättchen darüber streuen.
Auf jedes Brot eine Scheibe Käse legen und mit Cayennepfeffer bestreuen.
Die belegten Brote etwa 10 Minuten unter dem Grill überbacken, bis der Käse schmilzt, und heiß servieren.

Gefüllte Paprikascheiben

(2 Portionen)

2 rote Paprika
125 g Frischkäse
100 g Quark (max. 20 % Fett)
etwas Milch
2 EL Schnittlauchröllchen
1/2 TL Paprikapulver (edelsüß)
Salz und Pfeffer

Frischkäse, Quark und etwas Milch zu einer cremigen Masse verrühren.
Den Schnittlauch in Röllchen schneiden und unter die Frischkäsemischung ziehen. Mit Paprikapulver, Salz und Pfeffer würzen.
Die Paprika waschen und den Stielansatz als flachen Deckel abschneiden. Die Kerne vorsichtig herauslösen, die Paprika von innen auswaschen und anschließend trocken tupfen.
Die Käsemasse in die ausgehöhlten Schoten füllen und fest andrücken. Die Oberseite glatt streichen, mit Frischhaltefolie bedekken und 2-3 Stunden im Kühlschrank durchziehen lassen. Anschließend die gefüllten Paprika in Scheiben schneiden und mit Vollkornbrot servieren.

Sellerie-Apfel-Frischkost

(4 Portionen)

1/2 Sellerieknolle
2 große säuerliche Äpfel
1 EL Zitronensaft
4 EL gehackte Walnüsse
1-2 EL Rosinen
175 g Joghurt
2 EL gehackte Petersilie
Salz und Pfeffer

Die Sellerieknolle und die Äpfel schälen, grob raspeln und mit dem Zitronensaft beträufeln.
Rosinen und gehackte Walnüsse dazugeben und vermengen.
Den Joghurt mit Salz und Pfeffer würzen, die Petersilie unterrühren und den Kräuterjoghurt anschließend unter die Frischkost ziehen.

Champignon-Omelette mit Schinken

(2 Portionen)

100 g Champignons
50 g gekochter Schinken
1 kleine Zwiebel
1 EL Butter
4 Eier
1 EL Schnittlauchröllchen
Salz und weißer Pfeffer

Den Schinken in dünne Streifen schneiden. Die Champignons abreiben und ebenfalls in dünne Scheiben schneiden. Die Zwiebel schälen und fein würfeln.

In einer beschichteten Pfanne die Butter erhitzen und die Zwiebelwürfel darin glasig dünsten. Die Schinkenstreifen und Champignonscheiben hineingeben und andünsten.

Die Eier in eine Schüssel schlagen und mit dem Schneebesen verquirlen. Vorsichtig mit Salz und Pfeffer würzen. Die Eier in die Pfanne geben und die Masse stocken lassen. Die Schnittlauchröllchen darüber streuen und das Omelette servieren.

Gemüsesandwiches

(2 Portionen)

4 Scheiben Vollkornbrot
1/2 Bund Frühlingszwiebeln
1/2 rote Paprika
1 Tomate
8 Scheiben Käse (bis 50 % Fett)
streichfähige Butter

Die Brotscheiben dünn mit Butter bestreichen.
Die Frühlingszwiebeln waschen, putzen und in feine Ringe schneiden. Die Paprika waschen, putzen und in dünne Streifen schneiden. Die Tomate waschen und in feine Scheiben schneiden.
Die Brotscheiben mit der Butterseite nach unten auf ein Backrost legen und auf jedes Brot eine Scheibe Käse schichten. Das Gemüse gleichmäßig auf dem Käse verteilen und abschließend die restlichen Käsescheiben darauf legen. Die Sandwiches mit den übrigen Brotscheiben abdecken – die Butterseite nach oben. Der Backofenboden sollte mit Alufolie vor der heruntertropfenden Butter geschützt werden.
Im vorgeheizten Backofen bei 180 °C toasten, bis der Käse schmilzt.

Champignonburger

(2 Portionen)

4 Scheiben Roggenmischbrot
4 Scheiben Käse
1 EL Butter
1/2 Bund Frühlingszwiebeln
1 rote Paprikaschote
250 g Champignons
Pfeffer

Die Champignons putzen und in dünne Scheiben schneiden. In einer heißen, beschichteten Pfanne ohne Zugabe von Fett die Pilze kurz scharf anbraten, mit Pfeffer würzen und beiseite stellen.
Die Frühlingszwiebeln waschen, putzen und in feine Ringe schneiden. Die Paprika waschen, putzen und in dünne Streifen schneiden.
Die Brote auf einer Seite dünn mit Butter bestreichen und mit der gebutterten Seite nach unten auf ein Backrost legen. Zwei der Brote mit je einer Scheibe Käse belegen, die Champignons, Paprikastreifen und Frühlingszwiebelringe darauf verteilen und mit den restlichen Käsescheiben abschließen. Die übrigen Brote mit der gebutterten Seite nach oben auf die Sandwiches legen. Der Backofenboden sollte mit Alufolie vor der heruntertropfenden Butter geschützt werden.
Im vorgeheizten Backofen bei 180 °C überbacken, bis der Käse geschmolzen ist.

Grapefruit mit pikanter Käsefüllung

(2 Portionen)

1 Grapefruit
100 g Hüttenkäse
1-2 Scheiben magerer roher Schinken
Salz und Pfeffer
2 Dillzweige

Die Grapefruit halbieren, das Fruchtfleisch mit einem spitzen Messer an den Schalenwänden und zwischen den Häuten herauslösen und in kleine Stücke schneiden. Diese in einer Schüssel mit dem Hüttenkäse vermengen und mit Salz und Pfeffer abschmecken. Den Käse anschließend in die Grapefruithälften füllen.
Den Schinken in schmale Streifen schneiden und über den Hüttenkäse legen. Vor dem Servieren die gefüllten Früchte mit je einem Zweig Dill garnieren.

Müsli mit Waldbeeren

(2 Portionen)

50 g Müsli
100 g Waldbeeren (tiefgefroren)
150 g Joghurt
ca. 50 ml Magermilch
Zimt
Zucker oder Honig nach Belieben

Das Müsli in den Joghurt rühren und die Milch je nach Bedarf angießen.
Die aufgetauten Waldbeeren mit Zucker oder Honig und einer guten Prise Zimt mischen und die Früchte unter das Müsli heben.

Möhren-Zucchini-Salat

(2 Portionen)

1 mittelgroße Zucchini
2 kleine Möhren
2 EL Zitronensaft
2 TL Senf
3 EL Olivenöl
Cayennepfeffer
3 Stängel Minze
Salz

Die Zucchini waschen, die Möhren schälen und beides mit dem Sparschäler der Länge nach in feine Streifen schneiden.
Zitronensaft, Salz, Cayennepfeffer, Senf und Olivenöl zu einer Vinaigrette verrühren und mit dem Gemüse vermischen.
Die Minzeblättchen von den Stängeln zupfen und über den Salat streuen.

Orangen-Fenchel-Salat mit süßsaurem Joghurtdressing

(4 Portionen)

1 Fenchelknolle
2 Äpfel
2 Orangen
2 EL Rosinen
75 g Joghurt
1 EL Zitronensaft
1 TL Zucker oder flüssiger Honig
Salz und Pfeffer
1 EL Mandelblättchen

Die Fenchelknolle putzen, halbieren und in sehr feine Streifen schneiden.
Die Äpfel schälen, vierteln, entkernen und in dünne Spalten schneiden.
1 Orange schälen und filetieren.
Alle Salatzutaten zusammen mit den Rosinen in einer Schüssel vermengen und mit Zitronensaft beträufeln.
Für die Salatsauce die andere Orange auspressen und den Saft mit dem Joghurt verrühren. Zucker oder Honig, Salz und reichlich Pfeffer unterrühren und die Joghurtsauce über den Salat gießen.
Der Orangen-Fenchel-Salat sollte etwa 30 Minuten ziehen, bevor er mit Mandelblättchen bestreut serviert wird.

Spargel-Eier-Salat
(2 Portionen)

8-10 Spargelstangen
3 Tomaten
3 hart gekochte Eier
4 EL Sonnenblumenöl
2 EL Essig
Salz und Pfeffer

Die Tomaten waschen und achteln. Die hart gekochten Eier pellen und ebenfalls achteln. Den Spargel großzügig schälen und putzen, in wenig Salzwasser etwa 30 Minuten gar dünsten und anschließend abtropfen lassen. Den erkalteten Spargel in 5 cm große Stücke schneiden.
Alle Zutaten in eine Schüssel geben.
Öl, Essig, Salz und Pfeffer zu einer Vinaigrette verrühren und den Salat damit übergießen.

Sommersalat

(4 Portionen)

1 reife Birne
1 reife Avocado
1/2 Zucchini
1/2 Honigmelone
1/2 Blattsalat (Kopf-, Eisberg- oder Lollo-rosso-Salat)
2 EL gehackte oder gehobelte Mandeln
1 EL Zitronensaft, Apfel- oder Aceto-Balsamico-Essig*
2 EL Olivenöl
2 EL frische, gehackte Kräuter je nach Angebot (Petersilie, Dill, Schnittlauch, Zitronenmelisse oder Minze)
Salz, Pfeffer und Zucker nach Belieben

Birne, Zucchini, Avocado und Honigmelone geschält und entkernt in kleine Würfel zerschneiden und in eine Schüssel geben.

Den Blattsalat waschen, trocken schütteln oder schleudern, die Blätter in mundgerechte Stücke zupfen und unter die übrigen Salatzutaten mengen.

Für die Sauce Zitronensaft oder Essig mit dem Olivenöl glatt rühren und mit Salz, Pfeffer und einer Prise Zucker abschmecken.

Die Sauce über den Salat gießen und unterheben.

Den Sommersalat mit frischen Kräutern bestreut servieren.

Blattsalat mit Orangendressing

(2 Portionen)

2 unbehandelte Orangen
100-150 g Blattsalate der Saison
2 Tomaten
1 EL Essig
3 EL Olivenöl
Koriander
Salz und Pfeffer
1 EL Mandelblättchen

Die Orangen heiß abwaschen, abtrocknen und etwas von der Schale fein abreiben. Den Saft einer Orange auspressen, die andere schälen und filetieren.
Essig, Fruchtsaft, Orangenschale, Salz, Pfeffer und Koriander verquirlen. Das Olivenöl mit dem Schneebesen unterschlagen. Die Orangenvinaigrette nochmals abschmecken und eventuell nachwürzen.
Die Salatblätter waschen und trocken schleudern. Die mundgerecht gezupften Blätter auf zwei Tellern verteilen.
Die Tomaten waschen, achteln und mit den Orangenfilets auf die Salatblätter legen. Die Sauce gleichmäßig darüber gießen.
Die Mandelblättchen ohne Fett in einer Pfanne goldbraun rösten und über den Salat streuen.

Tomatensalat mit Senfvinaigrette

(2 Portionen)

6 reife Tomaten
1 kleine Zwiebel
3 EL Olivenöl
1 1/2 EL Aceto-Balsamico-Essig*
1 TL Honig
1/2 TL Senf
Salz und Pfeffer

Die Tomaten waschen und in dünne Scheiben schneiden. Die Zwiebel schälen und fein würfeln. Beides miteinander vermengen.
Olivenöl, Essig, Honig, Senf, Salz und Pfeffer zu einer Vinaigrette verrühren und unter die Tomaten ziehen.
Den Salat vor dem Servieren eine Weile durchziehen lassen.

Bunter Gemüsesalat

(6 Portionen)

100 g Möhren
100 g Champignons
100 g Rettich
100 g Weißkohl
2 Tomaten
1 rote Paprika
1 Fenchelknolle
einige Blätter grüner Blattsalat
einige Radieschen
1/2 kleine Zucchini
1/2 Gurke
1 Kohlrabi

Für die Sauce
75 g Joghurt
3 EL Olivenöl
2 EL gehackte Petersilie, Dill oder Basilikum
Salz und Pfeffer

Das Gemüse putzen und waschen – die Pilze ausgenommen –, in feine Streifen, Scheiben oder Würfel schneiden und in einer großen Salatschüssel vermengen.
Die Zutaten für die Sauce gut verrühren, über das Gemüse gießen und unterheben.
Der Gemüsesalat sollte einige Minuten ziehen, bevor man ihn serviert.

Eisbergsalat mit Trauben und Walnüssen

(2 Portionen)

1/2 Eisbergsalat
2 Tomaten
100 g rote Trauben
50 g Joghurt
1 EL Schmand
1 TL Senf
1 EL Orangensaft
1/2 TL Honig
1/2 EL Walnussöl *
1 EL Aceto-Balsamico-Essig*
Salz und Pfeffer
1 EL gehackte Walnusskerne

Den Eisbergsalat waschen, trocken schütteln und in Streifen schneiden.
Die Tomaten und Trauben waschen. Die Tomaten achteln und die Trauben halbieren.
Für die Marinade Joghurt, Schmand, Honig und Senf miteinander vermengen. Salz, Pfeffer, Essig und Orangensaft zugeben und unterrühren. Zuletzt das Öl unter Rühren angießen und die Sauce nochmals abschmecken.
Auf zwei Tellern die Salatstreifen, Trauben und Tomaten anrichten und die Sauce über den Salat träufeln. Die gehackten Walnusskerne darüber streuen.

Chicorée-Walnuss-Salat

(2 Portionen)

2 kleine Chicoréestauden
1 EL gehackte Walnusskerne
1 Orange
1 1/2 EL Olivenöl
1/2 EL Orangensaft
1 EL Joghurt
Essig
1 Prise Zucker
Salz und Pfeffer

Die Chicoréestauden halbieren und den mittleren Strunk herausschneiden. Die Staudenhälften quer in dünne Streifen schneiden.

Die Orange schälen und filetieren. Die Filets in Würfel schneiden.

Chicoréestreifen, Orangenstücke und zwei Drittel der Walnusskerne vermengen.

Olivenöl, Orangensaft, Joghurt, ein Schuss Essig, Zucker, Salz und Pfeffer zu einer Vinaigrette verrühren.

Den Salat auf zwei Tellern anrichten, das Dressing darüber träufeln und mit den restlichen Walnusskernen garnieren.

Gemüse-Käse-Salat

(4 Portionen)

1 rote Paprikaschote
1 kleine Zwiebel
5-10 Oliven
2 Tomaten
50 g Leerdammer oder Emmentaler Käse

Für die Sauce

50 g Joghurt oder 1 EL Aceto-Balsamico- oder Apfelessig*
2 EL Olivenöl
Salz und Pfeffer

Die Paprikaschote waschen, halbieren, entkernen und in schmale Streifen schneiden.
Die Zwiebel schälen und in feine Ringe schneiden.
Die Oliven ggf. entsteinen und halbieren.
Die Tomaten waschen, halbieren, die Blüte herausschneiden und in kleine Würfel schneiden.
Den Käse ebenfalls klein würfeln. Alle Salatzutaten in einer Schüssel vermengen.
Die Zutaten für die Sauce glatt verrühren und unter den Salat ziehen.

Feldsalat mit Champignons

(2 Portionen)

200 g Champignons
200 Feldsalat
3 EL Olivenöl
1 1/2 EL Essig
1/2 TL Senf
2 TL roter Traubensaft
2 EL Joghurt
Salz und Pfeffer

Die Champignons putzen und in dünne Scheiben schneiden. Den Feldsalat waschen, trocken schütteln und die Wurzeln abzwikken.

Den Feldsalat auf zwei Tellern anrichten und die Pilze darüber verteilen.

Für die Vinaigrette Olivenöl, Essig, Senf, Traubensaft, Joghurt, Salz und Pfeffer miteinander verrühren.

Das Dressing über den Salat träufeln.

Möhren-Birnen-Salat

(2 Portionen)

2 Möhren
1 Birne
1 EL Zitronensaft
1 EL gehackte Mandeln oder Nüsse
75 g Joghurt (max. 1,5 % Fett)
2 EL Sahne
Zucker oder flüssiger Honig nach Belieben

Die Möhren schälen und in dünne Stifte schneiden.
Die Birne halbieren, entkernen und würfeln.
Möhren und Birnen mit dem Zitronensaft übergießen und vermengen.
Jogurt, Sahne und Zucker oder Honig glatt verrühren, unter die Früchte heben und den Salat auf zwei Dessertteller oder Schüsseln verteilen.
Die gehackten Mandeln oder Nüsse in einer Pfanne ohne Fett kurz anrösten und vor dem Servieren darüber streuen.

HAUPT-MAHLZEITEN

Suppen

Gemüsesuppe mit Hackbällchen

(2 Portionen)

400 ml Rinderbrühe
150 g Hackfleisch
100 g Möhren
50 g Lauch
50 g Sellerie
1 EL Butter
1 kleine Zwiebel
1 Ei
30-50 g Quark
Majoran
Salz und Pfeffer

Lauch, Sellerie und Möhren waschen, putzen und klein schneiden. In einem Topf die Butter erhitzen und das Gemüse darin andünsten. Die Rinderbrühe angießen und bei schwacher Hitze die Suppe 10 Minuten kochen lassen.
Die Zwiebel schälen und in feine Würfel schneiden. Hackfleisch, Zwiebelwürfel, Ei, Majoran, Quark, Salz und Pfeffer miteinander vermengen. Mit einem Teelöffel kleine Bällchen ausstechen und mit nassen Händen Kugeln formen. Die Fleischklößchen in die heiße Suppe geben und einige Minuten ziehen lassen.

Paprika-Sauerkraut-Suppe

(4 Portionen)

1 rote Paprikaschote
1 Zwiebel
5 Tomaten
1 TL Paprikapulver, rosenscharf
100 g Sauerkraut
2 EL Sonnenblumenöl
Salz und Pfeffer
2 EL Schnittlauchröllchen

Die Paprikaschote waschen, halbieren, entkernen und in schmale Streifen schneiden.
Die Zwiebel schälen und in Ringe schneiden.
Das Sonnenblumenöl in einem Topf erhitzen und Paprikaschote und Zwiebel darin dünsten.
In der Zwischenzeit die Tomaten waschen, halbieren, den Stielansatz herausschneiden, die Tomatenhälften nochmals halbieren und anschließend in einem Gefäß mit dem Schneidstab pürieren.
Das Tomatenpüree mit Salz, Pfeffer und Paprikapulver würzen und zu dem Paprika-Zwiebel-Gemüse in den Topf gießen. Bei Bedarf etwas Wasser hinzufügen und köcheln lassen.
Das Sauerkraut klein schneiden, in die Suppe geben und nochmals 10 Minuten weiter köcheln lassen.
Die Suppe kurz vor dem Servieren mit den Schnittlauchröllchen bestreuen.

Kartoffel-Lauch-Suppe
(4 Portionen)

300 g Kartoffeln
2 Stangen Lauch
1 Zwiebel
1 EL Butter
600 ml Gemüsebrühe
1 Prise Muskatnuss
Salz und Pfeffer
2 EL gehackter Dill

Die Kartoffeln schälen und in kleine Würfel schneiden.
Den Lauch putzen und in dünne Ringe schneiden.
Die Zwiebel schälen und in kleine Würfel schneiden. Die Butter in einem Topf auslassen und die Zwiebelwürfel darin glasig dünsten. Lauch und Kartoffeln dazugeben und die Brühe angießen. Die Suppe mit Salz, Pfeffer und Muskatnuss würzen und etwa 20 Minuten köcheln lassen. Anschließend mit dem Schneidstab pürieren.
Kurz vor dem Servieren den Dill unterrühren.

Tomatensuppe mit Hühnerbruststreifen

(2 Portionen)

500 g Tomaten
1 kleine Zwiebel
2 EL Butter
400 ml Hühnerbrühe
(ersatzweise Gemüsebrühe)
100 g Hühnerbrust
1 Prise Curry
Salz und Pfeffer
Schnittlauchröllchen zum Garnieren

Die Tomaten waschen und würfeln. Die Zwiebel schälen und ebenfalls fein würfeln. In einem Topf 1 EL Butter erhitzen und die Zwiebeln darin glasig dünsten. Die Tomaten hineingeben, die Brühe angießen und 10 Minuten bei schwacher Hitze zugedeckt köcheln lassen.

Die Suppe durch ein Sieb passieren und mit Salz und Pfeffer würzen. Den Topf auf der ausgeschalteten Herdplatte warm stellen.

Die Hühnerbrust in schmale Streifen schneiden. Die restliche Butter in einer beschichteten Pfanne erhitzen und die Hühnerstreifen scharf anbraten. Mit Pfeffer, Salz und Curry würzen und das Fleisch nochmals in der Pfanne schwenken.

Vor dem Servieren das Fleisch in die Suppe geben und mit Schnittlauchröllchen garnieren.

Rote-Bete-Suppe mit Lammfleisch

(4-6 Portionen)

400 g Lammfleisch
1 Zwiebel
150 g Pfifferlinge
500 ml Gemüsebrühe
1/2 Weißkohl
1 Glas Rote Bete
1 TL Kümmel
1 Lorbeerblatt
3 Wacholderbeeren
2 EL Sonnenblumenöl

Die Zwiebel schälen und in feine Ringe schneiden. Das Fleisch in größere Würfel schneiden. Die Pfifferlinge gründlich putzen und waschen.
In einem großen Topf das Öl erhitzen und die Zwiebel darin andünsten. Die Fleischstücke dazugeben und von allen Seiten kräftig anbraten. Die Pfifferlinge hinzufügen und mitbraten. Den Fleischtopf würzen und die Gemüsebrühe angießen. Zugedeckt bei mittlerer Hitze 30 Minuten schmoren lassen.
In der Zwischenzeit den Weißkohl säubern und mit einer Reibe grob raspeln. Die Rote Bete in etwa 5 mm dicke Scheiben schneiden. Das Gemüse zum Fleisch geben und alles bei geschlossenem Deckel weitere 20 Minuten schmoren lassen.

Selleriecremesuppe
(4 Portionen)

750 g Staudensellerie
750 ml Gemüsebrühe
4 EL Sahne
Salz und Pfeffer
4 EL gehackte Petersilie

Den Staudensellerie geputzt und in schmale Scheiben geschnitten in der Brühe 15-20 Minuten garen und anschließend mit dem Schneidstab pürieren. Nach Belieben mehr Brühe angießen und mit Salz und Pfeffer abschmecken
Sahne und Petersilie unterrühren und sofort servieren.

Herzhafte Lauchsuppe

(2 Portionen)

250 g Lauch
250 g Zwiebeln
125 ml Bier
500 ml Gemüsebrühe
2 EL Schmand
Milch nach Belieben
1/2 EL Mehl
1 EL Olivenöl
1 TL Butter
Kümmel
Salz und Pfeffer

Den Lauch waschen, putzen, der Länge nach halbieren und in nicht zu dünne Streifen schneiden.
Die Zwiebeln schälen und in 2 cm dicke Ringe schneiden.
In einem Topf Olivenöl und Butter erhitzen und Lauch und Zwiebeln darin andünsten.
Das Gemüse mit dem Bier ablöschen und die Brühe angießen. Die Suppe aufkochen lassen, anschließend die Hitze reduzieren.
Mehl, Schmand und etwas Milch verquirlen und in die Suppe rühren, damit diese eindickt. Auf kleiner Flamme die Suppe weiter köcheln lassen und mit Kümmel, Salz und Pfeffer abschmecken.

Kartoffel-Gemüse-Suppe

(4 Portionen)

300 g Kartoffeln
500 ml Gemüsebrühe
1 Stange Lauch
3 Möhren
150 g Erbsen
2 EL Pflanzenöl
1 TL Kümmel
1 Prise Muskatnuss
Salz und Pfeffer
2 EL gehackte Petersilie

Die Gemüsebrühe erhitzen.
In der Zwischenzeit die Kartoffeln schälen, in kleine Würfel schneiden und etwa 15-20 Minuten in der Brühe köcheln lassen, bis sie gar sind.
Das Öl in einer Pfanne erhitzen. Möhren und Lauch putzen, in dünne Scheiben bzw. feine Ringe schneiden und anschließend im heißen Öl anschmoren. Bei Bedarf etwas von der Gemüsebrühe angießen. Die Erbsen und die Hälfte der gekochten Kartoffelwürfel dazugeben.
Die Gemüsepfanne mit Kümmel, Muskatnuss, Salz und Pfeffer kräftig würzen und etwa 10 Minuten gar dünsten.
Die übrigen Kartoffelwürfel in der Brühe pürieren und anschließend das Gemüse in der Pfanne dazugeben.
Kurz vor dem Servieren die Petersilie darüber streuen.

Brokkolicremesuppe

(4 Portionen)

750 g Brokkoli
700 ml Gemüsebrühe
1 EL gehacktes Kerbelkraut, ersatzweise auch getrocknetes
1 EL gehackte Petersilie
4 EL Sahne
Salz und Pfeffer

Den Brokkoli putzen, waschen und in einzelne Röschen zerteilen. Den Stiel großzügig schälen und in Scheiben schneiden. Röschen und Stiel etwa 20 Minuten in der Gemüsebrühe köcheln lassen, bis auch der Stiel gar ist. Anschließend das Gemüse in der Brühe mit dem Schneidstab pürieren, Kerbelkraut und Petersilie unterrühren, mit Salz und Pfeffer abschmecken und kurz vor dem Servieren die Sahne unterziehen.

Möhrensuppe
(2 Portionen)

300 g Möhren
1 kleine Zwiebel
1/2 EL Butter
500 ml Gemüsebrühe
20 g mittelalter Gouda
1/4 TL Zitronensaft
1/2 EL Mehl
1 EL trockener Weißwein
1 Prise Zucker
Koriander
Salz und Pfeffer

Die Möhren schälen, putzen und in fingerdicke Scheiben schneiden.
Die Zwiebel schälen und in feine Würfel schneiden.
In einem Topf die Butter erhitzen und die Zwiebelwürfel darin glasig dünsten. Die Gemüsebrühe angießen und aufkochen lassen. Die Möhrenscheiben hinzugeben und bei schwacher Hitze 20-25 Minuten köcheln, bis sie gar sind. Mit dem Schneidstab die Suppe fein pürieren und anschließend nochmals aufkochen lassen.
Mit Salz, Pfeffer, Koriander, Zucker, Weißwein und Zitronensaft würzen. Das Mehl mit ein wenig Wasser in einer Tasse anrühren und in die Suppe rühren, sodass sie eindickt.
Den Käse reiben, die Suppe auf Tellern anrichten und den geriebenen Käse darüber streuen.

Eintopf mit Rindfleisch und Gemüse

(4 Portionen)

400 g Rindfleisch (tiefgekühlt)
2 EL Pflanzenöl
1 EL Paprikapulver edelsüß
500 ml Gemüsebrühe
2 Stangen Lauch
1 Zwiebel
4 Möhren
1 Knollensellerie
1 Lorbeerblatt
1 TL Kümmel
Salz und Pfeffer
2 EL gehackte Petersilie

Das Rindfleisch in mundgerechte Würfel schneiden.
Das Öl in einem Topf erhitzen und die Fleischwürfel darin anbraten. Paprikapulver, Lorbeerblatt, Kümmel, Salz und Pfeffer dazugeben und die Brühe angießen. Das Fleisch sollte etwa 1 Stunde köcheln.
In der Zwischenzeit Lauch, Zwiebel, Möhren und Knollensellerie schälen und putzen, in Ringe bzw. Würfel schneiden und in die Fleischbrühe geben, sobald das Fleisch mürbe ist. Alles zusammen nochmals 20 Minuten köcheln lassen.
Kurz vor dem Servieren die gehackte Petersilie hineinrühren.

Tomaten-Sellerie-Suppe mit Schmandhäubchen

(4 Portionen)

6 Tomaten
1 Knollensellerie
1-2 Möhren
1 Zwiebel
1 EL Olivenöl
4 TL Schmand
Salz und Pfeffer
1 EL gehackter Basilikum
4 Blättchen Basilikum zum Garnieren

Die Tomaten waschen, halbieren und die Stielansätze herausschneiden, nochmals halbieren und mit dem Schneidstab pürieren. Knollensellerie, Möhren und Zwiebel schälen und in kleine Würfel schneiden. Das Olivenöl erhitzen und das Gemüse darin dünsten. Das Tomatenmus angießen, bei Bedarf zusätzlich etwas Wasser hinzufügen. Die Tomatensuppe mit Salz und Pfeffer kräftig würzen. Kurz vor dem Servieren das gehackte Basilikum unterrühren. Die Suppe auf vier Schalen oder Suppenteller verteilen und mit je 1 TL Schmand und einem Basilikumblatt garnieren.

Zucchinisuppe

(4 Portionen)

600 g Zucchini
300 g Kartoffeln
700 ml Gemüsebrühe
1 Knoblauchzehe
1 Schuss Sahne zum Verfeinern
Salz und Pfeffer

Die Gemüsebrühe erhitzen. In der Zwischenzeit die Zucchini gründlich waschen, Blüten- und Stielansatz abschneiden und das Gemüse würfeln.

Die Kartoffeln schälen und ebenfalls würfeln. Die Kartoffelwürfel in der Gemüsebrühe etwas vorgaren und dann die Zucchiniwürfel hinzufügen. Die Garzeit beträgt etwa 20 Minuten.

Die Knoblauchzehe schälen und in die Gemüsesuppe pressen.

Das Gemüse mit dem Schneidstab pürieren, die Suppe mit Salz und Pfeffer abschmecken und einen Schuss Sahne kurz vor dem Servieren unterrühren.

Ratatouille mit Käsehaube

(4 Portionen)

3 Tomaten
1 gelbe Paprika
1 rote Paprika
1 Aubergine
1 Zucchini
1 große Zwiebel
1 Knoblauchzehe
2 EL Olivenöl
125 ml Gemüsebrühe
Rosmarin
Thymian
4-6 dünne Scheiben Gouda
Salz und Pfeffer

Die Tomaten in siedendem Wasser blanchieren, anschließend vorsichtig die Haut abziehen, entkernen und in Würfel schneiden.
Gelbe und rote Paprika, Aubergine und Zucchini waschen und putzen. Die Paprika in Streifen, Aubergine und Zucchini in Würfel schneiden.
Zwiebel und Knoblauch schälen und würfeln. In einem großen Topf das Olivenöl erhitzen und Zwiebel, Knoblauch und Gemüse darin andünsten.
Die Brühe angießen, mit Kräutern, Salz und Pfeffer würzen und zugedeckt etwa 30 Minuten bei mäßiger Hitze schmoren lassen.
Die Ratatouille mit den Käsescheiben bedecken und etwa 7 Minuten zugedeckt weitergaren, bis der Käse geschmolzen ist.

Gefüllte Aubergine

(2 Portionen)

1 Aubergine
2 Eier
2 Fleischtomaten
1 Zwiebel
1 EL gehackte Petersilie
100 g Mozzarella
5 EL Olivenöl
Salz und Pfeffer

Die Aubergine waschen und der Länge nach halbieren. Mit einem scharfen Messer die Hälften so weit aushöhlen, dass die Frucht nicht zusammenfällt. Das ausgehöhlte Fruchtfleisch für 10 Minuten in Salzwasser einlegen. Die Auberginehälften mit 2 EL Olivenöl bestreichen, salzen und pfeffern und in einer Auflaufform im vorgeheizten Backofen bei 200 °C vorbacken.

Die Eier hart kochen, abschrecken, pellen und fein würfeln.

Die Tomaten in siedendem Wasser blanchieren, häuten und entkernen. Das Tomatenfleisch ebenfalls würfeln.

Die Zwiebel schälen und fein würfeln.

Das Auberginefruchtfleisch abtropfen lassen, etwas ausdrücken oder trocken tupfen und fein hacken. In einer Pfanne das restliche Olivenöl erhitzen und die Zwiebelwürfel darin glasig dünsten. Tomaten- und Auberginefruchtfleisch kurz mitdünsten.

Den Mozzarella abtropfen lassen und klein würfeln. Eier, Mozzarella und gehackte Petersilie in die Pfanne geben und mit Tomaten, Aubergine und Zwiebeln gut vermischen. Die Füllung mit Salz und Pfeffer würzen und abschmecken.

Die Masse auf die ausgehöhlten Auberginehälften verteilen und diese im Backofen weitere 15 Minuten überbacken.

Möhren-Zucchini-Gemüse in Frischkäsesauce

(2 Portionen)

4 Möhren
1 große oder 2 kleine Zucchini
150 g Frischkäse (20-30 % Fett)
1 Knoblauchzehe
1 EL Olivenöl
1 EL gehackte Petersilie
Salz und Pfeffer

Die Möhren putzen, mit dem Sparschäler schälen und der Länge nach vierteln. Anschließend in fingerdicke Scheiben schneiden.
Die Zucchini waschen, putzen, der Länge nach vierteln und ebenfalls in fingerdicke Scheiben schneiden.
In einem Topf das Olivenöl erhitzen, die Möhren hineingeben und zugedeckt dünsten.
Den Knoblauch mit einer Presse zu den Möhren drücken.
Nach 5 Minuten die Zucchini hinzufügen und das Gemüse zugedeckt einige Minuten weiter dünsten. Eventuell ein wenig Wasser in den Topf gießen, damit nichts anbrennt.
Den Frischkäse unter das Gemüse rühren, mit Salz und Pfeffer würzen. Die Hitze reduzieren und Möhren und Zucchini etwa 10 bis 15 Minuten garen lassen, bis sie bissfest sind.
Vor dem Servieren die gehackte Petersilie darüber streuen.

Kohlrouladen

(4 Portionen)

1 Wirsingkohl
2-3 Eigelb
1 Zwiebel
1 Knoblauchzehe
1 EL Olivenöl
gemahlener Kümmel
Salz und Pfeffer

Die äußeren großen Blätter vorsichtig vom Kohl ablösen und in kochendem Salzwasser blanchieren.
Das Innere des Kohls in feine Streifen schneiden.
Die Zwiebel schälen und fein würfeln.
In einem Topf das Olivenöl erhitzen und die Zwiebel darin glasig dünsten. Die Kohlstreifen waschen und tropfnass hinzugeben. Den Knoblauch durch die Presse zu dem Kohl drücken und mit Kümmel, Salz und Pfeffer würzen. Das Gemüse zugedeckt bissfest garen.
Die blanchierten Kohlblätter kalt abschrekken und die Stiele etwas klopfen.
Das gedünstete Gemüse abkühlen lassen. Anschließend die Eidotter unterrühren und die Kohlblätter mit der Masse füllen.
Im vorgeheizten Backofen bei 180 °C 10 bis 15 Minuten backen.

Kartoffelpuffer mit Sauerkraut

(4 Portionen)

600 g Kartoffeln
1 Zwiebel
2 Eigelb
3 EL Haferflocken
2 Möhren
1 Apfel
600 g Sauerkraut
1 TL Wacholderbeeren
1 EL Olivenöl
1 EL Butter
Salz und Pfeffer

Die Kartoffeln schälen, reiben und etwas salzen. Das Salz einige Minuten einziehen lassen, anschließend die Kartoffelmasse in einem Küchentuch gut ausdrücken.
Die Zwiebel schälen und in feine Würfel schneiden. Eigelb, Haferflocken und Zwiebelwürfel unter die Kartoffeln mengen.
Apfel und Möhren mit dem Sparschäler schälen und in Würfel schneiden. Das Sauerkraut in einen Topf geben, Gewürze, Möhren- und Apfelwürfel hinzugeben und mit dem Kraut vermischen. Das Gemüse bei mäßiger Hitze zugedeckt und eventuell unter Zugabe von etwas Wasser 15 Minuten dünsten.
Olivenöl und Butter in einer beschichteten Pfanne erhitzen, aus der Kartoffelmasse Puffer formen und im heißen Fett von beiden Seiten goldbraun backen.
Die Puffer mit dem Sauerkraut auf Tellern anrichten.

Kartoffelpfannkuchen

(2 Portionen)

250 g kalte gekochte Kartoffeln
2 EL Mehl
250 ml Milch
5 Eigelb
1 Zwiebel
2 EL Sonnenblumenöl
Muskatnuss
Salz

Die vorgekochten und abgekühlten Kartoffeln schälen und durch ein grobes Sieb passieren.
Mehl, Milch, Eigelb, Muskatnuss und Salz zu einem glatten Teig verrühren und die Kartoffelmasse unterziehen.

Die Zwiebel schälen und fein würfeln.
Die Hälfte des Sonnenblumenöls in einer beschichteten Pfanne erhitzen und die Zwiebelwürfel darin glasig dünsten. Die halbe Menge des Kartoffelteigs zugeben und zugedeckt bei schwacher Hitze etwa 10 Minuten backen. Wenn sich der Teig vom Pfannenboden lösen lässt, den Pfannkuchen vorsichtig wenden und die andere Seite backen. Auf die gleiche Weise die zweite Hälfte des Teiges backen, während der erste Kartoffelpfannkuchen im Backofen warm gehalten wird.

Tipp: Dazu schmeckt ein Kräuterquark oder auch eine würzige Tomatensauce.

Kartoffeln mit Tomatenquark

(4 Portionen)

500 g junge Kartoffeln
3 kleine Tomaten
1 Bund Schnittlauch
250 g Quark (max. 20 % Fett)
50 ml Milch
Cayennepfeffer
1 Prise Zucker
Salz

Die Kartoffeln waschen, weich kochen und pellen.
In der Zwischenzeit die Tomaten und den Schnittlauch waschen. Die Tomaten fein würfeln und den Schnittlauch in Röllchen schneiden.
Beides mit dem Quark und der Milch vermengen. Den Quark mit Cayennepfeffer, Salz und Zucker würzen und zu den Kartoffeln servieren.

Spinatnockerln mit Käse überbacken

(4 Portionen)

450 g Rahmspinat (tiefgekühlt)
1 kleine Zwiebel
2 Knoblauchzehen
1 TL Butter
100 g Ricotta ersatzweise
Quark (max. 20% Fett)
2-3 Eigelb
150 g Mehl
Muskatnuss
100 g Parmesankäse
Olivenöl
Salz und Pfeffer

Den aufgetauten Spinat in einem Sieb abtropfen lassen.
Die Zwiebel schälen und fein würfeln. Den Knoblauch durch die Presse zu den Zwiebeln drücken. In einer Pfanne die Butter erhitzen und Zwiebel und Knoblauch darin glasig dünsten.
Den Ricotta oder Quark mit den Eigelb glatt rühren und mit Salz, Pfeffer und einer Messerspitze Muskatnuss würzen. Spinat, Zwiebel und Knoblauch mit dem Ricotta oder dem Quark vermengen und das Mehl glatt unter die Masse mischen, sodass ein Teig entsteht.
Mit zwei feuchten Esslöffeln Nockerln ausstechen und in kochendem Salzwasser ziehen lassen, bis sie an die Oberfläche kommen. Die Nockerln herausnehmen, gut abtropfen lassen und in eine Auflaufform legen. Etwas Olivenöl darüber träufeln und den geriebenen Parmesan über den Spinatbällchen verteilen.
Im vorgeheizten Backofen bei 180 °C 5 bis 10 Minuten überbacken.

Tipp: Dazu schmeckt eine Tomatensauce oder auch ein bunter Salat mit Joghurtdressing

Bunte Gemüsepfanne

(4 Portionen)

500 g gekochte kalte Kartoffeln
1 rote Paprika
1 grüne Paprika
1/2 Stange Lauch
1 Möhre
1 kleine Zwiebel
1/4 Knollensellerie
Rosmarin
1 Knoblauchzehe
2 EL Olivenöl
Salz und Pfeffer

Die kalten geschälten Kartoffeln in etwa 1 cm dicke Scheiben schneiden.
Die Paprikaschoten waschen, putzen und in dünne Streifen schneiden.
Die Möhre putzen, schälen und in feine Scheiben schneiden.
Die Sellerie waschen, putzen und in feine Streifen schneiden.
Die Zwiebel schälen und in Ringe schneiden. Den Lauch gründlich waschen, putzen und in Ringe schneiden.
Das Olivenöl in einer beschichteten Pfanne erhitzen und als erstes die Kartoffeln rundum anbraten. Die Bratkartoffeln aus der Pfanne nehmen und beiseite stellen.
Nun nacheinander Möhre, Sellerie, Lauch, Zwiebel und Paprika anrösten, bis die Flüssigkeit verdampft ist. Das Gemüse nicht zu lange rösten, da sonst die Paprika bitter werden. Den Knoblauch durch die Presse in die Pfanne drücken und unter das Gemüse mischen. Nun die Kartoffeln dazugeben, mit Rosmarin, Salz und Pfeffer herzhaft würzen und alles noch mal gut erwärmen. Die Pfanne von der Flamme nehmen und das Gericht zugedeckt für weitere 10 Minuten durchziehen lassen.
Tipp: Dazu serviert man einen knackigen Blattsalat.

Blumenkohl mit Käsesauce

(4 Portionen)

1 Blumenkohl
2 EL Mehl
1 EL Butter
70 g Parmesankäse
Muskatnuss
1/2 TL Zitronensaft
Salz und Pfeffer

Den Blumenkohl putzen, waschen und in Röschen teilen. Im kochenden Salzwasser die Röschen bissfest garen. Das Kochwasser beim Abgießen auffangen und den Blumenkohl kalt abschrecken.
Die Butter in einem Topf erhitzen, das Mehl darüber stäuben und mit einem Schneebesen mit der Butter verrühren. Mehl und Butter kurz anschwitzen, dann mit etwas Blumenkohlkochwasser unter ständigem Rühren ablöschen, die Hitze reduzieren und so lange Kochwasser angießen, bis eine sämige Sauce entstanden ist. Bei schwacher Hitze die Sauce köcheln lassen. Mit Muskatnuss, Zitronensaft, Salz und Pfeffer würzen und abschmecken.
Den Parmesankäse reiben und unter die Sauce ziehen.
Die Blumenkohlröschen dazugeben und kurz ziehen lassen.

Überbackener Fenchel mit Haselnusskruste

(4 Portionen)

800 g Fenchelknollen
500 ml Gemüsebrühe
1 Zwiebel
1 Knoblauchzehe
1 EL Olivenöl
100 g Haselnussblättchen
100 g Mozzarella
50 g Parmesankäse
Butter zum Ausfetten
Salz und Pfeffer

Die Fenchelknollen putzen, in zwei Hälften schneiden und gründlich waschen.
Die Gemüsebrühe zum Kochen bringen und den Fenchel zugedeckt etwa 10 Minuten bei mäßiger Hitze garen.
Eine Auflaufform mit Butter ausstreichen.
Die Zwiebel und Knoblauchzehe schälen und fein würfeln. In einer Pfanne das Olivenöl erhitzen und Zwiebel und Knoblauch darin glasig dünsten.
Die Fenchelhälften mit der Schnittfläche nach oben in die Auflaufform legen und die gedünsteten Zwiebel- und Knoblauchwürfel darüber verteilen. Mit Salz und Pfeffer vorsichtig würzen, da der Fenchel in einer salzhaltigen Brühe gegart wurde.
Den Mozzarella reiben, mit den Haselnussblättchen vermischen und über den Auflauf streuen.
Etwas von der Gemüsebrühe und geriebenen Parmesankäse über den Fenchel geben. Im vorgeheizten Backofen bei 220 °C etwa 20 Minuten überbacken.

Tipp: Wer möchte, kann dazu Petersilienkartoffeln oder einen gemischten Salat servieren.

Chicorée-Brokkoli-Pfanne

(2 Portionen)

250 g Brokkoli
1 Chicorée
1 EL Butter
1/2 TL Zitronensaft
Salz und Pfeffer

Den Brokkoli waschen, putzen und in einzelne Röschen zerteilen. In sprudelndem Salzwasser bissfest garen, abseihen, kurz abschrecken und gut abtropfen lassen.
Den Chicorée waschen, putzen, längs halbieren und den Strunk herausschneiden. Dann die Staude quer in etwa 1 cm breite Streifen schneiden.
In einer Pfanne die Butter erhitzen und den Brokkoli darin dünsten. Den Chicorée vorsichtig daruntermischen und das Gemüse mit Zitronensaft, Salz und Pfeffer würzen.

Möhren-Kartoffel-Eintopf

(4 Portionen)

600 g Möhren
300 g Kartoffeln
700 ml Gemüsebrühe
2 EL gehackte Petersilie
Salz und Pfeffer

Die Gemüsebrühe erhitzen. Möhren und Kartoffeln schälen, in kleine Würfel schneiden und etwa 20 Minuten in der Gemüsebrühe köcheln lassen, bis das Gemüse gar ist. Den Eintopf mit Salz und Pfeffer abschmecken und die Petersilie einrühren.

Der Eintopf kann auch mit einem Schneidstab püriert und mit einem Schuss Sahne oder Schmand verfeinert werden.

Krautgemüse

(4 Portionen)

1 Weißkohl
1 Zwiebel
1 EL Sonnenblumenöl
60 ml Wasser
60 ml Milch
1 TL Paprikapulver rosenscharf
1 TL Kümmel
1 TL Salz

Den Weißkohl putzen, die äußeren Blätter entfernen, den Kopf halbieren und den Strunk herausschneiden. Den Kohl in feine Streifen schneiden.
Die Kohlstreifen zusammen mit dem Salz durchkneten oder mit einem Stampfer zerdrücken.
Die Zwiebel schälen und in kleine Würfel schneiden.
Zwiebelwürfel, Öl und Paprikapulver gut in das Kraut einkneten.
Milch, Wasser und Kümmel kurz aufkochen lassen und heiß über das Kraut gießen. Vor dem Servieren eine Stunde ziehen lassen.

Tipp: Dazu können junge Pellkartoffeln serviert werden.

Überbackenes Blumenkohl-Spinat-Gratin

(4 Portionen)

1 Blumenkohl
500 ml Gemüsebrühe
450 g Spinat (tiefgekühlt)
1 Zwiebel
1 Knoblauchzehe
1 große Tomate
2 EL Sonnenblumenöl
Butterflocken
4 EL Sahne
4 EL Parmesan
1 Prise geriebene Muskatnuss
Salz und Pfeffer

Die Gemüsebrühe erhitzen. Den Blumenkohl putzen, die Röschen lösen und in der Brühe etwa 15-20 Minuten garen.
Zwiebel und Knoblauch schälen, klein schneiden und in einer Pfanne in heißem Öl glasig dünsten. Den Spinat dazugeben, andünsten und zum Schluss die Sahne unterrühren.
Die gedünsteten Blumenkohlröschen in eine feuerfeste Auflaufform schichten und den Spinat darüber verteilen.
Die Tomate kurz überbrühen, häuten und in kleine Würfel schneiden. Die Tomatenwürfel auf der Spinatschicht verteilen.
Parmesan darüber streuen und die Butterflocken verteilen.
Das Blumenkohl-Spinat-Gratin bei 180 °C etwa 15 Minuten überbacken, bis der Parmesan goldbraun ist.

Pikantes Brokkoligemüse mit Kartoffelbrei

(4 Portionen)

2 Brokkoliköpfe
12 mittelgroße Kartoffeln
2 Zwiebeln
4 EL Butter
4 EL Mehl
200-300 ml Gemüsebrühe (je nach Brokkolimenge)
1 TL Muskatnuss
Milch nach Bedarf
Salz und Pfeffer

Die Gemüsebrühe zum Kochen bringen. Den Brokkoli putzen und die Röschen ablösen. Den Stiel großzügig schälen und in Scheiben schneiden. Das Gemüse in der Brühe etwa 15 Minuten dünsten.

In der Zwischenzeit Zwiebeln und Kartoffeln schälen und in kleine Würfel schneiden. Die Kartoffeln in wenig Wasser garen.
Die Butter in einem Topf auslassen und die Zwiebeln darin glasig dünsten, anschließend mit Mehl bestäuben, anschwitzen lassen, mit der Brokkolibrühe löschen und unter Rühren aufkochen.
Das Brokkoligemüse grob hacken, in die Zwiebel-Mehl-Schwitze geben und mit Muskat, Salz und Pfeffer abschmecken. Das Gemüse warm halten.
Die gekochten Kartoffelwürfel im eigenen Kochwasser stampfen, lauwarme Milch nach Bedarf angießen und mit Salz abschmecken.
Das Brokkoligemüse zusammen mit dem Kartoffelbrei servieren.

Gefüllte Zucchini

(4 Portionen)

2 mittelgroße Zucchini
2 Zwiebeln
200-300 g gekochter Reis
2 Knoblauchzehen
1 große Dose geschälte Tomaten
4 EL Sonnenblumenöl
4-5 EL Parmesan oder gestifteten Käse
Oregano
Salz und Pfeffer

Reis nach Anleitung kochen.
In der Zwischenzeit die Zucchini waschen und der Länge nach halbieren. Das Fruchtfleisch mit einem Löffel herauskratzen und in kleine Würfel schneiden.
Zwiebeln und Knoblauchzehen schälen, fein würfeln und in einer Pfanne im erhitzten Öl glasig dünsten. Das Zucchinifleisch in der Pfanne anbraten. Anschließend den Reis dazugeben und ebenfalls anbraten.
Ein Drittel der geschälten Tomaten in die Pfanne einrühren und mit Pfeffer, Salz und Oregano kräftig würzen.
Die restlichen geschälten Tomaten in einer feuerfesten Auflaufform verteilen und ebenfalls kräftig mit Salz, Pfeffer und Oregano würzen. Die vier Zucchinihälften auf die Tomatenschicht setzen, mit der Reis-Zucchini-Pfanne füllen und mit Parmesan oder Käse bestreuen.
Im vorgeheizten Backofen bei 180 °C etwa 45 Minuten überbacken.

Möhren-Quark-Rösti

(4 Portionen)

500 g Möhren
100 g Quark (max. 20% Fett)
150 g Haferflocken
50 g gestifteter Käse
2 EL Sonnenblumenöl
2 EL gehackte Petersilie
1 TL Rosmarin
1 Prise Zucker
Salz und Pfeffer

Die Möhren schälen, putzen, längs vierteln und in kleine Würfel schneiden. In wenig Salzwasser mit Rosmarin und einer Prise Zucker etwa 10-15 Minuten gar dünsten.
Die Möhren zusammen mit dem Quark pürieren. Anschließend Haferflocken, Käse und Petersilie unter den Möhrenquark rühren und mit Salz und Pfeffer abschmecken.
Das Öl in einer Pfanne erhitzen und den Möhrenquark auf vier Röstis verteilen und beidseitig etwa 5 Minuten goldbraun braten.

Sauerkraut-Kartoffel-Mus mit Zwiebelgemüse

(4 Portionen)

12 Kartoffeln
Milch nach Belieben
500 g Sauerkraut
5 Zwiebeln
3 EL Sonnenblumenöl
Salz und Pfeffer

Die Kartoffeln schälen und in Würfel geschnitten in wenig Salzwasser etwa 15-20 Minuten gar dünsten. Anschließend im Garwasser stampfen und warme Milch nach Belieben angießen.

Das Sauerkraut klein schneiden und erwärmen.

Die Zwiebeln schälen, in feine Ringe schneiden und im heißen Öl glasig dünsten.

Das Sauerkraut unter das Kartoffelmus rühren und mit den gedünsteten Zwiebeln obenauf servieren.

Kartoffel-Gemüse-Gratin

(4 Portionen)

300 g Kartoffeln
2 Stangen Lauch
1 Zucchini
4 Möhren
150 g Joghurt
2 Eier
50 g gestifteten Käse
2 EL Olivenöl
Muskatnuss
Salz und Pfeffer

Das Gemüse waschen und putzen, in dünne Ringe oder Scheiben schneiden und in wenig Salzwasser etwa 5-10 Minuten dünsten. Anschließend über einem Durchschlag abgießen und in eine mit Olivenöl gefettete Auflaufform schichten.

Joghurt, Eier, Muskatnuss, Salz und Pfeffer verquirlen und über das Gemüse gießen.

Das Gratin mit dem gestifteten Käse bestreuen und bei etwa 180-200 °C goldbraun überbacken.

Gemüseragout mit Honig und Curry

(4 Portionen)

2 kleine Zwiebeln
300 g Stangensellerie
1 kleine Zucchini
2 rote Paprikaschoten
2 Stangen Lauch
1 EL Butter
1 TL Currypulver
3 EL Honig
250 ml Gemüsebrühe
1 Schuss Sahne
Salz und Pfeffer

Die Zwiebeln schälen und in kleine Würfel schneiden.
Den Stangensellerie waschen und in schmale Scheiben schneiden.
Die Butter in einem Topf auslassen und Zwiebelwürfel und Sellerie darin dünsten.
Zucchini, Paprikaschoten und Lauch waschen, putzen, in Ringe bzw. Würfel schneiden und ebenfalls in den Topf geben.
Die Brühe angießen und den Honig unterrühren.
Das Gemüseragout mit Currypulver, Salz und Pfeffer würzen. Nach Geschmack mit etwas Sahne verfeinern.

Tipp: Dazu kann Reis gereicht werden.

Spaghetti mit Petersilienpesto und Schafskäse

(4 Portionen)

1 Bund Petersilie
1 Bund Schnittlauch
100 g Parmesankäse
40 g Pinienkerne*
100 ml Olivenöl
100 g Schafskäse
500 g Spaghetti
Salz und Pfeffer

Die Petersilie waschen und gut trocken schütteln. Die Blätter von den Stielen pflükken und grob hacken.

Den Schnittlauch waschen, trocken schütteln und in Röllchen schneiden.

Die Pinienkerne ohne Fettzugabe in einer Pfanne rösten und grob hacken.

Den Parmsankäse reiben.

Petersilie und Schnittlauch mit dem Schneidstab pürieren. Die Kerne und den Käse dazugeben und erneut pürieren, dabei nach und nach das Olivenöl dazugießen, bis ein cremiges Pesto entstanden ist. Mit Salz und Pfeffer vorsichtig würzen.

Die Spaghetti nach Packungsanleitung al dente kochen.

Den Schafskäse grob zerbröseln.

Die Nudeln abgießen, jedoch nicht abschrecken, und in eine vorgewärmte Schüssel geben. Das Pesto unterziehen, eventuell noch etwas Olivenöl dazugeben und die Nudeln vorsichtig mit dem Käse vermengen.

Gemüselasagne

(4 Portionen)

2 Zucchini
1 Lauch
2 EL Olivenöl
1 Knoblauchzehe
1 EL Butter
2 EL Mehl
1 l Milch
1 TL Gemüsebrühe
70 g Parmesankäse
Lasagneblätter *
Thymian
Salz und Pfeffer

Den Lauch putzen, waschen und in etwa 5 mm breite Ringe schneiden.
Die Zucchini waschen, putzen und in feine Scheiben schneiden.
In zwei Pfannen je 1 EL Olivenöl erhitzen und Lauch und Zucchini getrennt voneinander anbraten. Die Zucchini mit Thymian, Salz und Pfeffer würzen, den Lauch mit der durchgepressten Knoblauchzehe sowie Salz und Pfeffer.
In einem Topf die Butter erhitzen, das Mehl darüber streuen und unter Rühren kurz anschwitzen. Die Milch nach und nach angießen, dabei ständig rühren, bis eine sämige Béchamelsauce entstanden ist. Mit der Gemüsebrühe und eventuell noch etwas Salz und Pfeffer würzen.
Eine Auflaufform ausfetten und abwechselnd ungekochte Lasagneblätter, Sauce, Zucchini, dann wieder Lasagneblätter, Sauce, Lauch usw. einschichten, bis das Gemüse aufgebraucht ist. Mit der Sauce abschließen und den geriebenen Parmesankäse darüber streuen.
Im vorgeheizten Backofen bei 180-200 °C so lange überbacken, bis die Lasagneblätter weich sind und der Käse knusprig ist.

Reis mit Gemüseallerlei

(4 Portionen)

200 g Reis
500 g Zucchini
1 rote Paprika
1 Bund Frühlingszwiebeln
1 Knoblauchzehe
1-2 EL kalt gepresstes Olivenöl
200 ml Gemüsebrühe
30 g gehackte Mandeln
1 EL gehackter Dill
1 EL gehackte Petersilie
Pfeffer

Den Reis nach Anleitung kochen.
Die Zucchini waschen, putzen und in Scheiben schneiden.
Die Paprika waschen, putzen und in Streifen schneiden.
Die Frühlingszwiebeln waschen, putzen und in Ringe schneiden. Dabei nur die zartgrünen Stränge verwenden.
In einem Topf das Olivenöl erhitzen und das Gemüse darin andünsten. Die Knoblauchzehe schälen und durch eine Presse zu dem Gemüse drücken. Mit der Brühe ablöschen und zugedeckt bei schwacher Hitze das Gemüse garen, bis es bissfest ist. Mit Pfeffer würzen.
Die gehackten Mandeln in einer Pfanne ohne Fett rösten, mit den Kräutern mischen und beiseite stellen.
Den fertigen Reis mit dem Gemüse mischen, auf Tellern anrichten und die Kräuter-Mandel-Mischung darüber streuen.

Zucchini-Spargel-Risotto

(4 Portionen)

250 g Reis
750 ml Gemüsebrühe
2 EL Olivenöl
1 Zwiebel
1 Zucchini
1 Glas Spargel
1 Knoblauchzehe
100 g Schmand
Salz und Pfeffer

In einer Pfanne 1 EL Olivenöl erhitzen und den Reis darin anbraten. Mit so viel Gemüsebrühe ablöschen, bis der Reis mit Flüssigkeit bedeckt ist. Unter gelegentlichem Rühren die Flüssigkeit in der Pfanne verdampfen lassen und nach und nach die restliche Flüssigkeit angießen, bis der Reis alle Flüssigkeit aufgenommen hat und gar ist. Sollte die Brühe nicht ausreichen, etwas Wasser angießen.

Die Zucchini waschen, putzen und in Ringe schneiden. Zwiebel und Knoblauch schälen und die Zwiebel fein würfeln. In einem Topf das restliche Olivenöl erhitzen, die Zwiebel darin glasig dünsten und die Zucchini anbraten. Das Gemüse zugedeckt so lange garen, bis es bissfest ist. Den Knoblauch durch eine Presse zu den Zucchini drücken. Eventuell etwas Wasser angießen, damit die Zucchini nicht anbraten.

Das Spargelwasser aus dem Glas abgießen und die Spargel in etwa 2-3 cm lange Stücke schneiden. Kurz vor Ende der Garzeit zu den Zucchini geben und mit erwärmen. Den Schmand unter das Gemüse rühren und mit Salz und Pfeffer würzen.

Den Reis auf Tellern anrichten und das Schmandgemüse darüber geben.

Reissalat mit Ingwer und Mango

(4 Portionen)

150 g Reis
2 Zwiebeln
30 g frischer Ingwer*
4-5 EL Zitronensaft
8 EL Sonnenblumenöl
2-3 reife Mango, ersatzweise 1 Ananas
300 g Rucola
1 Prise Zucker
Salz und Pfeffer

Den Reis nach Anleitung kochen und kalt stellen. In der Zwischenzeit die Zwiebeln schälen und fein würfeln.
Den Ingwer schälen, fein raspeln, mit Zitronensaft und Öl zu einer Sauce rühren und mit Salz, Pfeffer und einer Prise Zucker abschmecken.
Die Hälfte der Sauce unter Reis und Zwiebelwürfel ziehen.
Die Mango schälen und mit einem scharfen Küchenmesser Spalten vom Kern lösen.
Den Rucola waschen, trocken schütteln und die Stiele abschneiden.
Den Reissalat auf einer großen Platte anrichten und einen Rand aus Mangospalten und Rucola bilden. Die zweite Hälfte der Sauce dazu servieren.

Spaghetti mit kaltem Gemüsepüree

(4 Portionen)

400 g Spaghetti
1 Aubergine
2 Zwiebeln
2 Knoblauchzehen
1 rote Paprikaschote
4 Tomaten
3 EL Olivenöl
1 TL Rosmarin
1 TL Chilipulver
1 TL Kräuter der Provence
Salz und Pfeffer
8 frische Basilikumblätter zum Garnieren

Die Aubergine waschen, den Stielansatz abschneiden und die Frucht im Ganzen in Alufolie gewickelt im Backofen bei 220 °C 40 Minuten backen.
Währenddessen Zwiebeln und Knoblauchzehen schälen und fein würfeln. Anschließend im heißen Öl glasig dünsten.
Die Paprikaschote waschen, halbieren, entkernen, in Streifen schneiden und diese zu den gedünsteten Zwiebeln in die Pfanne geben. Das Gemüse mit Rosmarin, Chilipulver, Kräutern der Provence, Salz und Pfeffer abschmecken und etwa 10 Minuten dünsten lassen. Die Aubergine aus dem Ofen holen, die Haut abziehen, das Fruchtfleisch in Würfel schneiden und diese zum Paprikagemüse geben und nochmals abschmecken. Die Gemüsepfanne abkühlen lassen und anschließend mit dem Schneidstab pürieren. Die Tomaten kurz blanchieren, die Haut abziehen, den Stielansatz herausschneiden und nochmals halbieren. Die Tomatenhälften ebenfalls pürieren und zum erkalteten Gemüsepüree hinzugeben. Die Sauce eventuell nachwürzen. Die Nudeln nach Anleitung bissfest garen, die kalte Gemüsesauce unterheben und vor dem Servieren mit den Basilikumblättern garnieren.

Warmer Rigatoni-Gemüse-Salat

(4 Portionen)

200 g Rigatoni
250 g Champignons
2 EL Butter
2 Tomaten
1 gelbe Paprikaschote
1 grüne Paprikaschote
8 Oliven
8 frische Basilikumblätter
150 g Joghurt
2 Knoblauchzehen
Salz und Pfeffer

Die Nudeln in gesalzenem Wasser bissfest kochen und anschließend abkühlen lassen.
In der Zwischenzeit die Pilze putzen und in Scheiben schneiden.

1 Knoblauchzehe schälen und in schmale Streifen schneiden.
Die Butter auslassen und den Knoblauch kurz darin anbraten. Anschließend die Pilze in der Knoblauchbutter braten, bis die Flüssigkeit verkocht ist. Mit Salz und Pfeffer würzen.
Die Tomaten und Paprikaschoten waschen, putzen, entkernen und die Stielansätze herausschneiden. Das Gemüse in mundgerechte Streifen schneiden und in eine Schüssel geben.
Für die Sauce Joghurt, Salz und Pfeffer verrühren und die zweite geschälte Knoblauchzehe hineindrücken.
Nudeln, Pilze und frisches Gemüse vermengen und die Sauce unterheben.
Kurz vor dem Servieren mit Oliven und Basilikumblättern garnieren.

Spätzle mit Gemüseallerlei

(4 Portionen)

400 g Spätzle
1 große Zwiebel
2-3 Möhren
1 Knollensellerie
1 rote Paprikaschote
4 EL Maiskörner
2 EL Olivenöl
3 EL Butter
2 EL Mehl
2 Lorbeerblätter
1 Prise geriebene Muskatnuss
Salz und Pfeffer

Zwiebel, Möhren und Knollensellerie schälen und würfeln.
Das Olivenöl in einem Topf erhitzen und die Zwiebel darin glasig dünsten. Möhren und Knollensellerie hinzufügen und mit etwa 300 ml Wasser angießen. Mit Muskatnuss, Lorbeer, Salz und Pfeffer würzen. Das Gemüse zugedeckt etwa 15 Minuten bissfest garen.
Die Paprikaschote waschen, entkernen und in kleine Würfel geschnitten zum Gemüse geben und nochmals 5-10 Minuten dünsten.
Die Butter auslassen, Mehl hineinrühren und das Gemüsewasser angießen. Die Sauce köcheln lassen, bis sie gebunden ist. Das Gemüse und den Mais hineingeben und bei geringer Hitze ziehen lassen.
Die Spätzle nach Anleitung kochen und kurz vor dem Servieren mit der Sauce anrichten.

Spinat-Nudel-Auflauf

(4 Portionen)

200 g Nudeln
250 g Blattspinat (tiefgekühlt)
1 Zwiebel
3 Tomaten
1 Möhre
3 EL Sonnenblumenöl
3 EL Tomatenmark
1 Knoblauchzehe
4 EL Sahne
Muskatnuss
Salz und Pfeffer

Die Zwiebel schälen und in Würfel schneiden. Die Möhre schälen und in Scheiben schneiden. Das Öl erhitzen und das Gemüse darin dünsten. Die Tomaten waschen, vierteln, den Stielansatz herausschneiden und bei geschlossenem Deckel etwa 20 Minuten mitdünsten. Mit Salz und Pfeffer kräftig würzen. Das Tomatenmark unterrühren und eine geschälte Knoblauchzehe hineinpressen.

Den Backofen auf etwa 180 °C vorheizen.

Die Nudeln nach Anleitung bissfest kochen und anschließend in eine Auflaufform geben. Die Tomatensauce darüber gießen, den Spinat darauf schichten, mit Muskat bestreuen und nochmals salzen. Die Sahne darüber gießen.

Im Backofen etwa 20 Minuten backen lassen.

Gefülltes Brathähnchen

(2-4 Portionen)

1 Brathähnchen (tiefgekühlt)
1 Bund Petersilie
1 kleine Zwiebel
100 g Hackfleisch (tiefgekühlt)
1 kleine Zucchini
1 Ei
1/2 TL Thymian
1 TL Paprikapulver edelsüß
Salz und Pfeffer

Das aufgetaute Hähnchen waschen und trocken tupfen. Von innen und außen mit Salz und Pfeffer würzen.
Die Petersilie hacken und zusammen mit dem Thymian in das ausgehöhlte Hähnchen streuen.
Die Zucchini waschen, putzen und in kleine Würfel schneiden.
Die Zwiebel schälen und ebenfalls fein würfeln.
Zucchini und Zwiebel mit dem Hackfleisch und dem Ei vermengen. Die Füllung herzhaft mit Paprikapulver, Salz und Pfeffer würzen.
Das Hackfleisch in das Hähnchen füllen und Schlund und After mit einem Holzspieß verschließen.
Im vorgeheizten Backofen bei 180 °C 50-60 Minuten braten, dabei ab und zu mit Wasser übergießen. Nach Ende der Bratzeit das Huhn noch für 5 Minuten im Ofen ruhen lassen.
Mit einem Tranchiermesser das gefüllte Brathähnchen auf Tellern servieren.

Tipp: Als Beilage empfiehlt sich ein gemischter Salat.

Überbackenes Hühnchengeschnetzeltes

(4 Portionen)

250 g Hühnerbrust (tiefgekühlt)
1 Zwiebel
200 g Champignons
100 g Möhren
1 Stange Lauch
1-2 EL Olivenöl
2 EL trockener Weißwein
2 EL Schmand
80 g Parmsan
Salz und Pfeffer
1 EL gehackte Petersilie

Die Hühnerbrust in Streifen schneiden.
Die Zwiebel schälen und fein würfeln.
Die Champignons putzen und fein blättrig schneiden. Die Möhren mit dem Sparschäler schälen und fein würfeln.
Den Lauch putzen, waschen, der Länge nach halbieren und in mundgerechte Stücke schneiden.
In einer Pfanne das Olivenöl erhitzen und das Hühnchengeschnetzelte darin scharf anbraten. Das Fleisch mit dem Weißwein ablöschen und in einer Schüssel beiseite stellen.
In derselben Pfanne nacheinander Möhren, Lauch und Champignons anbraten und zugedeckt bei schwacher Hitze 2-5 Minuten dünsten. Eventuell etwas Olivenöl dazugeben, anschließend das Hühnerfleisch. Zum Schluss den Schmand einrühren und alles mit Salz und Pfeffer würzen.
Fleisch und Gemüse in eine Auflaufform füllen und mit dem geriebenen Parmesankäse bestreuen.
Unter dem Backofengrill für 5 Minuten überbacken, bis der Käse goldbraun ist. Das Hühnchengeschnetzelte vor dem Servieren mit Petersilie bestreuen.

Tipp: Als Beilage einen Salat dazu reichen.

Paprikagulasch mit Möhren und grünen Bohnen

(4 Portionen)

500 g Rinderfilet
2 rote Paprika
1 Zwiebel
300 g Möhren
300 g grüne Bohnen
2 EL Tomatenmark
4 EL Olivenöl
1 EL Butter
1 Knoblauchzehe
250 ml Rotwein
Paprikapulver edelsüß
Thymian, Majoran (oder Bohnenkraut)
Salz und Pfeffer

Das Rinderfilet in mundgerechte Stücke schneiden.

Die Paprika waschen, putzen und in größere Würfel schneiden.

Die Zwiebel schälen und fein würfeln.

2 EL Olivenöl und 1 EL Butter in einem Topf erhitzen und das Fleisch von allen Seiten scharf anbraten. Die Zwiebel dazugeben und die Knoblauchzehe durch die Presse zu dem Fleisch drücken. Die Paprikawürfel dazugeben und kurz mit andünsten. Mit Rotwein ablöschen. Das Tomatenmark unterrühren und so viel Wasser angießen, dass das Fleisch gerade eben bedeckt ist. Bei geschlossenem Deckel und mäßiger Hitze 40-50 Minuten garen, bis das Fleisch mürbe ist. Mit Paprikapulver, Salz und Pfeffer würzen.

Kurz vor Ende der Garzeit das übrige Gemüse zubereiten. Dazu die Möhren mit dem Sparschäler schälen und in Scheiben schneiden. Die Bohnen putzen, waschen und eventuell brechen. In einem Topf das restliche Olivenöl erhitzen, und die Möhren darin zugedeckt bei schwacher Hitze die Möhren bissfest dünsten und mit Salz und Pfeffer würzen. Die Bohnen in kochendem Salzwasser ebenfalls bissfest garen und zum Schluss das Wasser abgießen.
Das Gemüse zusammen mit dem Gulasch servieren.

Blumenkohl-Brokkoli-Auflauf mit Hühnerbrust

(4 Portionen)

1 Blumenkohl
250 g Brokkoli
1 Zwiebel
1 EL Butter
250 g Hühnerbrust
250 g Joghurt
2 Eier
Muskatnuss
Salz und Pfeffer

Blumenkohl und Brokkoli putzen, waschen und in Röschen zerteilen.
In kochendem Salzwasser das Gemüse bissfest garen. Die Kohlröschen abseihen und in eine gefettete Auflaufform legen.
Die Zwiebel schälen und fein würfeln. Die Hühnerbrust in Streifen schneiden. Die Butter in einer Pfanne erhitzen und die Zwiebel darin andünsten. Die Hühnerbruststreifen dazugeben und scharf anbraten. Das Fleisch auf das Gemüse in der Auflaufform verteilen.
Den Joghurt mit den Eiern verrühren und mit Muskat, Salz und Pfeffer kräftig würzen. Die Sauce über das Fleisch gießen.
Im vorgeheizten Backofen bei 175 °C überbacken, bis der Überguss leicht gebräunt ist.

Gefüllte Paprikaschoten

(4 Portionen)

4 rote Paprikaschoten
500 g Hackfleisch (tiefgekühlt)
6 Champignons
1 Knoblauchzehe
1 Zwiebel
2 EL Olivenöl
1 Ei
100 g Schmand
250 g geschälte Tomaten (a. d. Dose)
Thymian
Cayennepfeffer
Salz und Pfeffer

Den Stielansatz der Paprikaschoten herausschneiden und innen und außen gut waschen und abtropfen lassen.

Die Zwiebel schälen und fein würfeln. Das Olivenöl in einer Pfanne erhitzen und das Hackfleisch darin scharf anbraten, sodass es leicht zerfällt. Die Zwiebel dazugeben und den Knoblauch durch die Presse zu dem Fleisch drücken. Die Pfanne vom Herd nehmen und das Fleisch etwas abkühlen lassen.
Ei und Schmand verrühren und unter die abgekühlte Hackfleischmasse mengen. Herzhaft mit Thymian, Cayennepfeffer, Salz und Pfeffer würzen. Die Paprikaschoten füllen und in eine Auflaufform setzen.
Die geschälten Tomaten mit dem Schneidstab pürieren, die Champignons putzen und in Scheiben schneiden. Beides miteinander verrühren und mit Salz und Pfeffer würzen. Die Tomaten-Pilz-Sauce über die Paprikaschoten gießen.
Im vorgeheizten Backofen bei 180 °C 20-25 Minuten überbacken.

Fleischbällchen mit Sommergemüse

(4 Portionen)

Für die Fleischbällchen:

3 Möhren
2 Zwiebeln
600 g Hackfleisch (tiefgekühlt)
2 Eigelb
Salz und Pfeffer
Sonnenblumenöl zum Braten

Für das Sommergemüse

6 Frühlingszwiebeln, ersatzweise 3 Zwiebeln
8 Möhren
1 Zucchini
3 EL Butter
3 EL gehackte Petersilie
Salz und Pfeffer

Die Möhren schälen und raspeln. Die Zwiebeln schälen und in kleine Würfel schneiden.
Das Hackfleisch mit dem Eigelb, den Zwiebelwürfeln, Salz und Pfeffer verkneten.
Die Frühlingszwiebeln bzw. Zwiebeln putzen bzw. schälen und in Ringe schneiden.
Die Möhren schälen und in dünne Scheiben schneiden.
Die Zucchini waschen, Stiel- und Blütenansatz abschneiden und in dünne Scheiben schneiden.
Die Butter auslassen und Zwiebeln, Möhren und Zucchini darin anbraten, etwas Wasser angießen, salzen und pfeffern und bei geschlossenem Deckel etwa 15 Minuten dünsten.
Aus dem Fleisch vier oder mehr Fleischbällchen formen und in dem erhitzten Öl auf beiden Seiten braten.
Die Petersilie unter das Gemüse rühren und zusammen mit den Fleischbällchen anrichten und servieren.

Lammfleischtopf mit Bohnen

(4 Portionen)

800 g mageres Lammfleisch
4 EL Sonnenblumenöl
2-3 Zwiebeln
2 Knoblauchzehen
750 ml Gemüsebrühe
800 g grüne Bohnen
einige Zweige Bohnenkraut
Speisestärke nach Belieben
1 TL Rosmarin
1 TL Salbei
Salz und Pfeffer

Das Lammfleisch in kleine Würfel schneiden.
Die Zwiebeln und den Knoblauch schälen und fein würfeln.
Das Öl in einem Topf erhitzen und Zwiebeln und Knoblauch darin glasig dünsten.
Das Lammfleisch scharf anbraten und die Gemüsebrühe angießen. Rosmarin und Salbei dazugeben und den Fleischtopf etwa 30 Minuten bei geschlossenem Deckel köcheln lassen.
Die Bohnen putzen, in Stücke brechen und zusammen mit dem Bohnenkraut zum Fleisch geben. Weitere 20 Minuten köcheln lassen und zum Schluss mit Pfeffer und Salz abschmecken und mit in Wasser verquirlter Speisestärke nach Geschmack andicken.

Tipp: Dazu kann frisches Vollkornbrot oder Reis gereicht werden.

Spinat-Hackfleisch-Auflauf

(4 Portionen)

600 g Blattspinat (tiefgekühlt)
1 Zwiebel
1 EL Butter
300 g Hackfleisch (tiefgekühlt)
1 Prise Muskatnuss
50 g geriebener Parmesan
100 ml Sahne
100 ml Wasser
1 Ei
Salz und Pfeffer

Die Zwiebel schälen, fein würfeln und in der ausgelassenen Butter glasig dünsten.
Das Hackfleisch dazugeben und anbraten. Dabei das Fleisch unter Rühren mit einem Holzlöffel zerkrümeln. Mit Salz, Pfeffer und Muskatnuss abschmecken.
Den Backofen auf 180 °C vorheizen.
In vier Schichten abwechselnd Spinat und Gehacktes in eine Auflaufform geben.
Sahne, Wasser, Ei und Parmesan verquirlen, über den Auflauf gießen und im Ofen etwa 20-30 Minuten überbacken.

Hühnerbrust in Orangensauce

(4 Portionen)

600 g Hühnerbrust (tiefgekühlt)
2 EL Sonnenblumenöl
1 Zwiebel
200 ml frisch gepresster Orangensaft
100-150 ml Wasser
50 ml Milch
10 g Mehl
2 EL Sahne
4 Zweige Petersilie
Curry
Salz und Pfeffer

Die Zwiebel schälen und in kleine Würfel schneiden. 1 EL Öl erhitzen und die Zwiebelwürfel darin glasig dünsten. Den zweiten EL Öl hinzugeben, erhitzen und die Hühnerbrüste von beiden Seiten darin goldbraun braten. Mit Salz, Pfeffer und Curry würzen. Das Fleisch aus der Pfanne nehmen und im vorgeheizten Backofen warm halten. An den Bratensaft den Orangensaft, Wasser und das in der Milch angerührte Mehl angießen und eventuell noch einmal mit Pfeffer und Salz abschmecken. Kurz köcheln lassen und die Sahne unterziehen. Die Sauce nicht noch einmal aufkochen lassen.
Das Fleisch auf vier Tellern anrichten und mit der Sauce übergießen.

Tipp: Dazu können junge Salzkartoffeln oder Reis gereicht werden.

Schweinefilet mit Spargel in Zitronensauce

(4 Portionen)

800 g Schweinefilet (tiefgekühlt)
2 kg Spargel
1-2 Knoblauchzehen
1 unbehandelte Zitrone
3 EL Olivenöl
3 EL Sonnenblumenöl
300 ml Gemüsebrühe
1 EL Speisestärke
20 g Butter
1 TL Zucker
Salz und Pfeffer

Den Spargel in wenig Salzwasser bissfest garen und im vorgeheizten Backofen warm halten.
Währenddessen den Knoblauch in feine Scheiben schneiden. Die Zitrone heiß abwaschen, die Schale dünn abschälen und in feine Späne schneiden. Knoblauch und Zitronenspäne in dem Olivenöl andünsten.
Die Gemüsebrühe angießen und aufkochen lassen. Die Zitrone auspressen und die Brühe mit 2-3 EL Zitronensaft, Salz, Pfeffer und Zucker würzen.
Die Speisestärke in etwa 50 ml kaltem Wasser auflösen und in der Sauce 1 Minute aufkochen lassen.
Die Butter in kleinen Flöckchen unter die Sauce schlagen.
Das Schweinefilet waschen, in daumendicke Medaillons schneiden und in heißem Sonnenblumenöl auf beiden Seiten 10 Minuten goldbraun braten.
Spargel und Schweinefiletmedaillons auf vier Tellern anrichten, die Sauce über den Spargel geben und das Gericht heiß servieren.

Rotbarsch in Folie gebacken mit Paprikasalat

(4 Portionen)

300 g Rotbarschfilet (tiefgekühlt)
1 EL Zitronensaft
1 EL Weißwein
1 EL Olivenöl
1 rote und 1 grüne Paprika
1 EL gehackte Petersilie
Salz und weißer Pfeffer

Für die Marinade Zitronensaft, Weißwein, Olivenöl und gehackte Petersilie verrühren und mit Salz und Pfeffer würzen.
Die Paprikaschoten waschen, halbieren, putzen und in breite Streifen schneiden. Mit der Hautseite nach oben auf ein Backblech legen und bei 250 °C so lange backen, bis die Haut dunkelbraun geworden ist. Die Schoten mit einem feuchten Küchenhandtuch abdecken, abkühlen lassen und anschließend die Haut abziehen. Nun die Paprika in feine Streifen schneiden und ein Drittel der Marinade unterheben.
Die Fischfilets waschen und trocken tupfen, auf Alufolie legen und mit der restlichen Marinade übergießen. Die Folie gut verschließen. Im vorgeheizten Backofen bei 180 °C etwa 15 Minuten backen.
Den Fisch auf Tellern anrichten und den Paprikasalat dazu reichen.

Rührei mit Krabben

(4 Portionen)

250 g Krabben
6 Eier
100 g Emmentaler oder Gouda
1 Zwiebel
1 EL Olivenöl
1 EL gehackte Petersilie
Salz und Pfeffer

Die Zwiebel schälen und fein würfeln. In einer Pfanne das Olivenöl erhitzen und die Zwiebelwürfel darin glasig dünsten. Die Schrimps dazugeben und zugedeckt in der Pfanne heiß werden lassen.
Die Eier verquirlen, mit Salz und Pfeffer würzen und über die Schrimps gießen. Den Käse reiben, unter das Krabben-Rührei mischen und die Masse bei schwacher Hitze stocken lassen.
Das Rührei auf Tellern servieren und mit der gehackten Petersilie garnieren.

Tipp: Dazu kann man einen Rucola-Salat servieren.

Avodacos mit Krabben

(4 Portionen)

2 Avocados
200 g Krabben
250 g Joghurt
1 kleine Zwiebel
1/2 TL Zitronensaft
1/4 TL Balsamessig*
1 TL Olivenöl
1 EL gehackter Dill
Paprikapulver edelsüß
Salz und Pfeffer

Die Avocados in Hälften schneiden und den Stein herausnehmen. Vorsichtig etwas von dem Fruchtfleisch entfernen, sodass die Mulde später mit der Krabbenmischung ausreichend gefüllt werden kann. Damit die Avocados nicht braun werden, mit Zitronensaft beträufeln.
Die Zwiebel schälen und fein würfeln. Joghurt, Zwiebelwürfel, Balsamessig, Olivenöl und gehackten Dill miteinander verrühren und mit Paprikapulver, Salz und Pfeffer würzen.
Die Krabben in die Avocadohälften füllen und die Sauce darüber geben.

Geräucherte Forellenfilets mit Kräuterquark

(4 Portionen)

4 geräucherte Forellenfilets
500 g Quark (max. 20% Fett)
70 ml Milch
1 Bund Petersilie
1 Bund Schnittlauch
1 EL Olivenöl
1/2 TL Zitronensaft
Paprikapulver edelsüß
Salz und Pfeffer

Die Petersilie waschen, trocken schütteln, die Blätter von den Stielen zupfen und hakken.
Den Schnittlauch waschen, trocken schütteln und in Röllchen schneiden.
Den Quark mit der Milch glatt rühren, eventuell etwas mehr Milch angießen. Kräuter, Olivenöl und Zitronensaft in den Quark rühren und mit Paprikapulver, Salz und Pfeffer würzen.
Fischfilets und Quark auf Tellern anrichten.

Tipp: Um das Gericht etwas reichhaltiger zu machen, kann man Pellkartoffeln oder Vollkornbrot dazu servieren.

Seelachsfilet mit roter Paprikasauce

(4 Portionen)

1 große rote Paprika
1 Zwiebel
125 ml Weißwein
30 g Schmand
300 g Seelachsfilet (tiefgekühlt)
2 EL Olivenöl
1/2 TL Zitronensaft
Salz und Pfeffer

Die Zwiebel schälen und fein würfeln. 1 EL Olivenöl in einem Topf erhitzen und die Zwiebelwürfel darin glasig dünsten. Den Weißwein angießen und die Sauce aufkochen lassen.

Die Paprika waschen, putzen und in Würfel schneiden und zu der Wein-Zwiebel-Sauce geben. Das Gemüse so lange zugedeckt bei mäßiger Hitze kochen, bis die Paprikawürfel weich sind. Mit dem Schneidstab pürieren, den Schmand unterziehen und mit Salz und Pfeffer würzen.
Die Fischfilets waschen und trocken tupfen. In einer Pfanne das restliche Olivenöl erhitzen und die Filets von beiden Seiten braten. Mit Zitronensaft, Salz und Pfeffer würzen. Den Fisch auf Tellern anrichten und mit der Sauce übergießen.

Tipp: Dazu kann ein angerichteter Feldsalat gereicht werden oder Pellkartoffeln als sättigende Beilage.

Gemüseratatouille mit Fischfilet

(4 Portionen)

400 g Fischfilet (tiefgekühlt)
1 Zucchini
2 rote Paprikaschoten
1 Aubergine
6 Tomaten
2 Zwiebeln
2 Knoblauchzehen
3 EL Olivenöl
1 Schuss Sahne
1 Schuss Weißwein
Kräuter der Provence
2 EL gehackte Petersilie
Salz und Pfeffer

Zwiebeln und Knoblauch schälen, in kleine Würfel schneiden und im heißen Olivenöl glasig dünsten.

In der Zwischenzeit Zucchini, Aubergine und Paprikaschoten waschen, putzen, Stiel- und Blütenansätze herausschneiden und das Gemüse in Würfel schneiden. Die Gemüsewürfel zu Zwiebeln und Knoblauch in die Pfanne geben und dünsten.

Die Tomaten halbieren, die Blüten- und Stielansätze herausschneiden und die Fruchthälften mit dem Schneidstab pürieren. Das Tomatenmus an das Gemüse gießen und mit Salz, Pfeffer und Kräutern der Provence kräftig würzen.

Die aufgetauten Fischfilets waschen, trocken tupfen und in die Gemüsepfanne legen. Nach etwa 10 Minuten lassen sich die Filets leicht mit einem Holzlöffel in mundgerechte Stücke zerteilen.

Kurz vor dem Servieren Sahne und Wein unterziehen und die Petersilie unterrühren.

Tipp: Als Beilage empfiehlt sich Reis.

Fischfilets in Orangencremesauce

(4 Portionen)

400 g (4 Stück) Fischfilet (tiefgekühlt)
150 ml frisch gepresster Orangensaft
Saft einer halben Zitrone
2-3 EL Sonnenblumenöl
4 EL Sahne
1 EL Speisestärke
Salz und Pfeffer

Die Fischfilets waschen und trocken tupfen, mit Zitronensaft beträufeln, salzen und pfeffern. Das Öl erhitzen und die Filets darin von beiden Seiten goldbraun braten.
Die Orangen pressen, die Speisestärke einrühren und den Saft in die Fischpfanne gießen. Die Sauce noch einmal mit Salz und Pfeffer abschmecken. Zum Schluss die Sahne unterziehen.

Tipp: Servieren Sie dazu Reis oder Salzkartoffeln und einen Blattsalat.

Fischfilets mit Gurkensalat

(4 Portionen)

400 g (4 Stück) Fischfilet (tiefgekühlt)
3 EL Sonnenblumenöl
1 Salatgurke
3 EL Joghurt
2 Zitronen
2 EL gehackter Dill
Salz und Pfeffer
4 Zweige Dill zum Garnieren

Die Fischfilets waschen und trocken tupfen. Eine Zitrone auspressen und die Fischfilets mit der Hälfte des Saftes beträufeln, salzen und pfeffern.
Das Öl in einer Pfanne erhitzen.
Die Gurke schälen und in dünne Scheiben hobeln. Joghurt mit Salz und Pfeffer verrühren und mit dem restlichen Zitronensaft abschmecken. Die zweite Zitrone längs vierteln. 2 EL Dill unterrühren. Die Joghurtsauce über die Gurkenscheiben gießen und unterheben.
Die Fischfilets in der Pfanne beidseitig goldbraun braten, auf vier Tellern anrichten und mit je einem Dillzweig und einem Zitronenviertel garnieren. Den Gurkensalat dazu reichen.

Tipp: Salzkartoffeln eignen sich als Beilage.

Fischauflauf mit Spinat und Zucchini

(4 Portionen)

250 g Fischfilet (tiefgekühlt)
Saft einer Zitrone
150 g Blattspinat (tiefgekühlt)
1 kleine Zucchini
2 EL Olivenöl
2 EL Butter
1 Prise Muskatnuss
2 EL geriebener Parmesan
Salz und Pfeffer

Das Fischfilet waschen, trocken tupfen, in mundgerechte Stücke schneiden, mit Zitrone beträufeln, salzen und pfeffern.
Den Backofen auf 200 °C vorheizen.
Die Zucchini waschen, Blüten- und Stielansatz entfernen und in dünne Scheiben schneiden. Den Boden einer Auflaufform mit Öl bestreichen und die Filets darauf verteilen. Spinat und Zucchini darüber schichten. Die Butter wird in kleinen Flocken zwischen die Schichten verteilt.
Abschließend den Auflauf mit Zitronensaft beträufeln, salzen, pfeffern und mit Muskatnuss und Parmesan bestreuen.
Den Fischauflauf etwa 25 Minuten backen lassen.

Tomaten-Fisch-Suppe

(4 Portionen)

400 g (4 Stück) Fischfilet (tiefgekühlt)
10 Tomaten
2 Stangen Lauch
6 Möhren
1-2 Knoblauchzehen
4 EL Sahne
3 EL gehackte Petersilie
Salz und Pfeffer

Die Stielansätze aus den Tomaten herausschneiden, die Früchte kurz in heißem Wasser blanchieren und anschließend durch ein Sieb in einen Topf streichen.
Lauch und Möhren putzen und waschen und in dünne Ringe bzw. Scheiben schneiden. Das Gemüse in das Tomatenmus geben.
Den Knoblauch schälen und ebenfalls hineinpressen.
Die Tomatensuppe bei mittlerer Hitze 10-15 Minuten köcheln lassen und mit Salz und Pfeffer abschmecken.
Die Fischfilets währenddessen waschen, in mundgerechte Stücke schneiden und etwa 10 Minuten in der Suppe garen.
Die Tomaten-Fisch-Suppe zum Schluss nochmals mit Salz und Pfeffer abschmecken und Sahne und Petersilie unterziehen.

Tipp: Dazu kann frisches Vollkornbrot gereicht werden.

Beerenkaltschale

(2 Portionen)

300 g Beerenmischung (tiefgekühlt)
50 ml Milch
300 g gut gekühlter Joghurt
1 unbehandelte Zitrone
2 TL gehackte Pistazien*
Zimt
Zucker

Die Beeren auftauen lassen. Von der Zitrone etwas Schale abreiben und den Saft auspressen. Die Beeren mit Schalen und Saft der Zitrone marinieren.
Milch und Joghurt miteinander verrühren, mit Zucker und Zimt süßen und unter die Beeren rühren. Die gehackten Pistazienkerne in einer Pfanne ohne Fettzugabe leicht rösten. Die Kaltschale mit den Pistazien garnieren und gut gekühlt servieren.

Müslikugeln

(4 Portionen)

100 g Haferflocken
50 g ungeschälte Sesamsamen*
100 g Kokosraspeln*
200 g Honig
1 Eigelb
2 EL Sonnenblumenöl

Das Eigelb mit einem Schneebesen cremig aufschlagen, anschließend Sonnenblumenöl und Honig unterziehen.
Haferflocken, Sesam und Kokosraspeln dazugeben, vermischen und zu einer zähen Masse verarbeiten. Mit nassen Händen kleine Bällchen formen.
Die Kugeln auf ein mit Backpapier bedecktes Blech setzen und im vorgeheizten Ofen auf mittlerer Schiene bei 180°C 10 bis 12 Minuten goldgelb backen.

Hüttenkäse mit Erdbeeren

(2 Portionen)

400 g Hüttenkäse
200 g reife Erdbeeren
2 TL Pistazien*
Zitronenmelisse zum Garnieren

Den Hüttenkäse in zwei tiefe Teller füllen.
Die Erdbeeren waschen, putzen, vierteln und auf den Tellern verteilen.
Die Pistazien grob hacken und in einer Pfanne ohne Zugabe von Fett leicht rösten.
Die Zitronenmelisse von den Zweigen zupfen und zusammen mit den Pistazien über die Erdbeeren streuen.

Orangenquarkspeise
(4 Portionen)

750 g Quark (max. 20% Fett)
4 Orangen
1 Päckchen Vanillezucker
Zucker nach Belieben

3 Orangen pressen. Saft und Quark in einer Schüssel schaumig rühren und den Vanillezucker dazugeben. Nach und nach Zucker unterrühren und zwischendurch abschmecken.
Die vierte Orange schälen und filetieren.
Die gut gekühlte Quarkspeise auf vier Schälchen verteilen und mit je einem Orangenfilet garnieren.

Joghurt mit Trockenfrüchten

(2 Portionen)

300 g Joghurt
4-5 Dörrpflaumen
4-5 getrocknete Aprikosen*
2 EL Honig
Zimt

Die Trockenfrüchte klein schneiden und für 2-3 Stunden inWasser einlegen.
Den Joghurt mit Honig und Zimt verrühren. Die eingeweichten Früchte untermischen und servieren.

Ananas im Kokosmantel

(4 Portionen)

4 Scheiben frische Ananas, ersatzweise a. d. Dose
8 EL Kokosraspeln*
150 g Joghurt
4 TL flüssiger Honig

Die Kokosraspeln in einer Pfanne ohne Fett kurz anrösten. Die Ananasscheiben darin wenden und auf Dessertteller legen.
Je 1 EL Joghurt auf jede Ananasscheibe geben und je 1 TL flüssigen Honig darüber tropfen lassen.

Bananenshake

(4 Portionen)

3 Bananen
500 ml Milch
2 EL Zucker
1 Schuss Zitronensaft

Die Bananen, Zucker und Zitronensaft pürieren und die Milch angießen.
Den Bananenshake in hohe Gläser füllen und kalt servieren.

Kalte Kirschsuppe

(4 Portionen)

500 g Sauerkirschen
250 ml Wasser
1 Zimtstange
3 Gewürznelken
Zucker nach Belieben
1 EL Speisestärke

Die Kirschen waschen, entsteinen und anschließend zusammen mit dem Wasser, Zimt, Nelken und Zucker aufkochen und einige Minuten bei geringer Hitze köcheln lassen.
Die Speisestärke mit wenig Wasser verquirlen und unter die köchelnde Kirschsuppe ziehen.
Die Kirschsuppe gut gekühlt servieren.

Vanillequarkpudding
(4 Portionen)

500 ml Milch
1 Päckchen Vanille-Puddingpulver
5 gestrichene EL Zucker
1 Päckchen Vanillezucker
250 g Quark (max. 20% Fett)
1 Prise Salz

400 ml Milch, Zucker, Vanillezucker und eine Prise Salz zum Kochen bringen.
Das Puddingpulver mit der restlichen Milch verquirlen und unter Rühren in die köchelnde Milch gießen. Den Quark unterheben und den Vanillequarkpudding warm servieren.

Erdbeerquark
(4 Portionen)

400 g Erdbeeren, ersatzweise Waldbeeren (tiefgekühlt)
3 EL Zucker
400 g Quark (max. 20% Fett)
4 EL gehackte Mandeln

Die Erdbeeren gründlich waschen, putzen, halbieren und anschließend mit dem Zucker pürieren.
Das Beerenmus mit dem Quark verrühren und auf vier Schüsseln verteilen.
Jeden Erdbeerquark kurz vor dem Servieren mit gehackten Mandeln bestreuen.

Register

FÜR FRÜHSTÜCK, ABENDBROT UND ZWISCHENDURCH

SALATE

HAUPTMAHLZEITEN

Suppen

Gemüsegerichte

Nudel- und Reisgerichte

Fleischgerichte

Fischgerichte

DESSERTS